Konrad von Maurer

Die Skidarima

Konrad von Maurer

Die Skidarima

ISBN/EAN: 9783744639132

Hergestellt in Europa, USA, Kanada, Australien, Japan

Cover: Foto ©ninafisch / pixelio.de

Weitere Bücher finden Sie auf **www.hansebooks.com**

Die Skida-ríma.

Von

Konrad Maurer.

Die Skiða-rima.

Von
Konrad Maurer.

Ausserhalb Islands nur wenig genannt und noch weniger gekannt, gehört die Skíða-ríma doch zu den merkwürdigsten Erzeugnissen der isländischen Dichtkunst. Sie zählt unter die ältesten uns bekannten Gedichte jener auf Island so beliebten Gattung, welche den Namen der rímur trägt. Sie gewährt einen eigenthümlichen Einblick in die litterarischen Zustände der Insel während einer bedeutsamen, aber für uns noch sehr wenig aufgehellten Uebergangsperiode derselben. Endlich als Kunstwerk betrachtet ist sie gleichmässig ausgezeichnet durch die höchst originelle Wahl ihres Stoffes, wie durch das ungewöhnliche Geschick, mit welchem derselbe behandelt und bewältigt wird. Nach allen drei Seiten hin dürfte deren Mittheilung nicht ohne Werth sein; einige einleitende Bemerkungen aber müssen wohl dem Texte derselben vorausgeschickt werden, um dessen Verständniss und richtige Würdigung zu erleichtern.

Ich beginne mit einem Ueberblicke über den Inhalt des Gedichtes. Am Anfange desselben finden sich ein paar Strophen (1—6), welche als Einleitung dienen. Sie entsprechen dem mansöngr oder Liebesgesange, welcher später so oft die rímur einleitet, und setzen in der That den Gebrauch derartiger Eingänge voraus, da der Dichter ausdrücklich ablehnt demselben zu folgen; da indessen ähnliche Einleitungen auch bereits in Gedichten älterer Gestalt und Entstehungszeit vorkommen, wie denn z. B. die Jómsvíkinga drápa des Bischofes Bjarni Kolbeinsson von den Orkneys (1188—1222) schon dergleichen zeigt, lässt sich aus diesem Umstande nicht Viel schliessen. Auf den Eingang folgt sofort (7—45) die Einführung des Helden des Gedichtes, des Bettlers Skíði, und die Beschreibung einer Bettelfahrt desselben, welche ihn erst nach Staðarhóll zu þorgils Oddason, dann nach Hvammr zu Sturli, und zuletzt zu þorloifr beiskjaldi in den Hítardalr führt, auf welchem letzteren Hofe der Mann übernachtet. Hier nun hat Skíði einen Traum, dessen Beschreibung den weitaus grössten Theil des Gedichtes (46—187) füllt, und welcher dessen eigentlichen Mittelpunkt bildet. Es erscheint ihm Ása-þórr, um ihn im Auftrage Óðins nach Valhöll einzuladen, damit er dort einen Streit beilege, der zwischen zwei mächtigen Königen ausgebrochen sei, und da Skíði sich willig erklärt der Einladung Folge zu leisten, gehen beide mit einander queer durch das eisbedeckte Innere der Insel nach deren Südostküste hinüber, durchwaten das Meer und erreichen glücklich die Gegend von þrándhoim. Hier hat der Bettler mit einem norwegischen Zauberer Namens Ölmóðr einen Wortwechsel, der in ein Handgemenge ausartet, und verliert in dessen Verlauf das eiserne Beschläge seines Stockes; dann geht es durch Norwegen hindurch an Dänemark, d. h. doch wohl Halland, Schonen und Blekingen, vorbei nach Asion hinüber, wo nun bald Óðins Burg, Valhöll, erreicht wird. Jetzt zeigt þórr seinem Begleiter König Óðin in seiner Halle, umgeben von allen den Helden, welche die Sage zu feiern weiss; Frigg und Freyja sind mit beim Feste, der Zwist aber wird von Hëðinn und Högni geführt, und betrifft die Hildr, deren Jener begehrt und die Dieser ihm streitig macht. Von Óðinn wird sofort Skíði in ehrenvollster Weise aufgenommen; derselbe fragt ihn um Nachrichten über Island aus, die dieser in seiner Weise giebt, und heisst ihn sich ein Geschenk erbitten, worauf er um ein neues Beschläge an seinen Stab und um eine Portion Butter in seinen Bettelsack einkommt. Gleich muss Reginn in die Schmiede, um für das Erstere zu sorgen, und auch Freyja, die hier als die sparsame Hausfrau Óðins auftritt, muss trotz einiges Brummens in ihre Vorräthe greifen; selbst der Anstoss, welchen Skíði dadurch giebt, dass er dem alten Heiden für den ihm dargebotenen Trunk „Gottes Lohn" wünscht, geht für diessmal noch ohne ernstere Folgen vorüber. Óðinn fordert ihn weiter auf, sich in Valhöll eine Frau zu wählen, und als Skíði kurz entschlossen die Hild verlangt, wird ihm auch diese verwilligt; einen nochmaligen christlichen Segenswunsch des Mannes begnügt sich Þórr nochmals ihm ernstlich zu verweisen. Aber als nun Skíði, von Óðinn durch den Königsnamen geehrt, seine schmierige Hand ausstreckt, um sich die Hild zu verloben, und dann gar noch ein Kreuz schlägt, kommt der Aerger so mancher Walhallagenossen, der sich schon vorher in widerholten Aeusserungen Luft gemacht hatte, sofort zum Ausbruch: Heimdallr giebt ihm den ersten Schlag, und wird dafür sofort von dem Bettler nidergestreckt; damit aber beginnt, da Högni sich um seinen Schwiegersohn annimmt, und auch Geirmundr heljarskinn für seinen Landsmann die Streitaxt erhebt, ein allgemeines Geräüse, dessen einzelne Phasen unser Dichter in lebendigster Weise und mit drolligster Verwerthung aller jener Ueberschwenglichkeiten, die sich in den ungeschichtlichen Sagen des Nordens so massenhaft finden, zu schildern weiss. Ein halb Duzend Götter und Duzende von Helden liegen erschlagen, und Óðinn selber ist nicht unverletzt davon gekommen, als endlich Jung-Siegfried (Sigurðr sveinn) sich aufrafft, und um dem unwürdigen Kampfe so vieler Helden gegen den einzigen Christenmann ein Ziel zu setzen, den wüthenden Skíði zum Thor hinauswirft; dadurch ist der Streit geschlichtet, auch der Bettelsack wird auf sein besonderes Bitten dem Unruhstifter noch nachgeworfen, damit aber ist der Traum zu Ende. Jetzt befinden wir uns plötzlich wider im Hítardalr, und hören (188—202), wie Skíði die ganze Nacht über getobt, und ein paar arme Leute, die neben ihm gelegen hatten, erschlagen hatte; aber das ungeheuere Beschläge an seinem Stocke, seine zerrissenen Schuhe und sein zerschlagener Leib, die Butter in seinem Bettelsacke, endlich ein Zahn von ganz ungeheuerlicher Schwere, den derselbe einem seiner Gegner ausgeschlagen und in seinen Ranzen gesteckt hatte, geben Zeugniss von der Realität seines Traumes. Aus dem Zahne wurde später ein Bischofsstab geschnitzt, der beste der in der Domkirche zu Hólar zu finden ist; Skíði aber lag lange krank an seinen Wunden, und verdankte erst frommen Gelübden seine Besserung. Mit einem kurzen Schlussverse (203) endigt sodann das Gedicht, für den Sonntag die Fortsetzung der Unterhaltung versprechend.

Diess der Inhalt des Gedichtes; fragt man aber nach der Tendenz, welche dasselbe verfolgt, so ist diese unschwer zu erkennen. Keinem Zweifel kann vorerst unterliegen, dass der Schwerpunkt des Ganzen wesentlich in der persönlichen Einführung Óðins sammt allen Helden der Vorzeit zu suchen ist, und in dem Einfalle, dieselben sammt und sonders sich kämpfend gegenüberzustellen, während die ganze Erzählung von Skíði und dessen Besuch in Valhöll zunächst nur den Rahmen bildet, innerhalb dessen jener Helden- und Götterkampf sich vollzieht. Insoweit nun steht der Grundgedanke unserer ríma keineswegs vereinzelt da; vielmehr tritt derselbe ganz gleichmässig auch in unseren Sagen und Liedern vom Rosengarten zu Worms, dann in so manchen Parthieen der þiðríks saga zu Tage, und es fehlt auch nicht an noch näherliegenden Parallelen für denselben in der übrigen isländischen Litteratur. Schon der Mönch Oddr erzählt in seiner Lebensbeschreibung K. Ólaf Tryggvason's[1]), wie einmal Óðinn verkleidet diesen König besuchte, ihm von alten Zeiten und zumal von einem Könige Ögvaldr Allerlei erzählte, aber schliesslich ihm selber hinterlistige Nachstellungen bereitete, die nur durch Ólafs stets sich gleich bleibende Umsicht und Wachsamkeit vereitelt wurden; die Erzählung ist auch in die Heimskringla, sowie in die späteren Bearbeitungen der Ólafs s. Tryggvasonar, und insbesondere auch in die Flateyjarbók übergegangen[2]). Diese letztere Compilation enthält ausserdem noch eine änliche Erzählung von einem Besuche, welchen derselbe Óðinn unter dem angenommenen Namen Gestr dem K. Ólaf Haraldsson abstattet, und bei welchem eine Vergleichung des heiligen Königs mit Óðinn selber und mit dem alten Sagenhelden Hrólfr kraki in Frage kommt[3]); ungleich näher noch berühren sich aber mit der Skíðu-ríma zwei andere Erzählungen derselben Handschrift. Einmal nämlich erzählt diese in ihrer Lebensbeschreibung des hl. Ólafs[4]) von einem gewissen Tóki Tókason, welcher diesen König besuchte, und von sich selber vorgab, es sei ihm bestimmt, ein doppeltes Menschenalter zu leben; mit K. Hálf und seinen Recken, dann mit K. Hrólf kraki und seinen Kämpfern will der Mann persönlich bekannt gewesen sein, und er erzählt

---
1) cap. 32, S. 84—85 der Stockholmer, und cap. 39—40, S. 301—305 der Kopenhagner Recension.
2) Heimskringla, Ólafs s. Tryggvasonar, cap. 71, S. 180—81 (ed. Unger); FMS., II, cap. 197, S. 138—40; Flbk. I, cap. 305, S. 375—6.
3) Flbk, II, cap. 106, S. 154—5.
4) ebenda, cap. 107, S. 155—6.

Allerlei von Hjalti hinn hugprúði und Böðvar bjarki, von Útsteinn jarl
und von Ionsteinn, von Hrókr hinn svarti, Björn und Barðr, zu guter
Letzt aber lässt er sich taufen, um unmittelbar nachher zu sterben.
Nicht nur tritt hier eine Reihe von Helden auf, die auch in unserem
Gedichte ihre Rolle spielen, sondern es wird auch bereits, wenn auch
nicht durch kämpfliche Gegenüberstellung, die Stärke der Dienstmannen
des Königs Hálfr und des Königs Hrólfr geprüft und gemessen. Zweitens
aber enthält die Flateyjarbók als Episode in ihrer Ólafs s. Tryggvasonar
auch noch den Nornagests þátt[1]), welcher von ihr aus auch noch in
einige andere Hss. übergegangen ist, andererseits aber auch in einer um
ein paar Jahrzehnte älteren zweiten Hs. sich erhalten hat[2]), und dieser bildet
geradezu einen Pendant zu jenem ersteren Stücke. Wie dort Tóki zum
heil. Ólaf, so kommt hier Gestr zu dessen älterem Namensvetter; er
erzählt an dessen Hof von seinen Begegnissen mit Sigurðr Fáfnisbani
und seinen Brüdern, Sinfjötli, Helgi und Hámundr, von Reginn und
Fáfnir, von den Hundíngssöhnen, Gandálfssöhnen und Gjúkúngen, von
Starkaðr Stórverksson und von Brynhildr, dann von K. Ragnars Söhnen,
von K. Eiríkr zu Uppsalir, K. Haraldr hárfagri in Norwegen und K.
Ludwig (Hlöðverr) in Sachsen, bei denen er sämmtlich ebenfalls gewesen
sein wollte, — er zeigt Haare vor aus dem Schweife des Rosses Grani,
und Gold, das von dessen Sattelzeug abgesprungen war, — er erklärt
endlich, dass durch den Ausspruch der Nornen die Dauer seines Lebens
an eine Kerze gebunden sei, mit deren Erlöschen es endigen müsse, und
wirklich stirbt er, drei Jahrhunderte alt, nachdem er die Taufe empfangen,
und jene Kerze hatte anzünden und abbrennen lassen. Auch in dieser
Erzählung tritt wider wie in der unmittelbar vorher angeführten deutlich
das Bestreben hervor, die verschiedenen Hauptgestalten der älteren Sagen
dadurch einander näher zu bringen, dass dieselben sammt und sonders

---

1) ebenda, I, cap. 282—292, S. 346—59.
2) Nämlich AM. 62 fol., welche Hs. von Sophus Bugge seiner Ausgabe der Sage in den
„Norröne Skrifter af sagnhistorisk Indhold, I. S. 47—80, zu Grunde gelegt wurde. Vgl.
über die Sage und deren Hss. denselben, in der Vorrede zu seiner Saemundar Edda,
S. XLI—IV.

zu einer bestimmten einzelnen Person, welcher zu solchem Behufe ein
ungewöhnlich langes Leben verliehen wird, in Beziehung gesetzt werden;
aber hier ist bereits die Zahl der auftretenden Helden eine ungleich
grössere, und einige von ihnen werden sich auch bereits in Gests Erzählung kämpfend gegenübergestellt. Endlich gehören auch noch zwei
Episoden der Bragða-Mágus saga hieher. Das einemal wird erzählt[1]),
wie Mágus jarl in einem mit Muscheln besetzten Kleide und unter dem
von diesem entlehnten Namen Skeljakarl, d. h. Muschelkerl, an den
Königshof zu Vernizuborg kommt; er erzählt hier von seiner persönlichen
Bekanntschaft mit K. Hrólfr kraki, K. Haraldr hilditönn, K. Agulandus
sammt seinem Sohne Jámundr, endlich mit Kaiser Karlamagnús und seinem
Neffen Rollant, nur ist freilich von einer Vergleichung dieser Sagenhelden
mit einander so gut wie gar nicht die Rede. Das andere Mal dagegen[2])
kommt derselbe Mágus jarl unter dem angenommenen Namen Víðförull,
d..h. der Weitgereiste, an denselben Königshof. Er erzählt hier gelegentlich,
dass er schon zweimal seinen ellibelgr abgeworfen, d. h. sich durch
eine Häutung verjüngt habe, und dass er diess demnächst zum drjtten
Male thun werde; 330 (390?) Jahre sei er vor seiner ersten Häutung
alt gewesen, aber nur 225 (265?) Jahre vor der zweiten, und von K.
Ermenrekr und Sifka, von K. þiðrekr von Bern und seinen Kämpfern,
von K. Gunnarr und Högni, K. Ísúngr und seinen Söhnen, von Virga
(lies: Viðga) Völunzson und K. Hálfr weiss er Allerlei zu berichten.
Er verspricht endlich auch, von diesen Helden Etwas sehen zu lassen,
wenn er sich erst zum dritten Male verjüngt haben werde, verjüngt
sich dann wirklich vor dem gesammten Hofe, und lässt dann die Niflúngar
mit Gunnarr und Högni, K. Ísúng mit seinen Söhnen und Sigurð svein,
K. Dietrich von Bern mit dem starken Wittich, weiterhin K. Hálf mit
seinen Recken, worunter Innsteinn, Útsteinn und Hrókr hinn svarti, endlich
auch die 4 Riesen Aspilián, Aventróð, und Viðólfr mittumstángi (der
vierte bleibt ungenannt) leibhaftig erscheinen, um vor dem Könige und
seiner Hofhaltung ein Kampfspiel aufzuführen. Man sieht, soweit diese

---

[1] cap. 24—25, S. 62—70.
[2] cap. 35—41, S. 85—101.

beiden Erzählungen auf Grund des hohen Alters des Erzählenden von den Helden der Vorzeit Bericht geben, stehen dieselben ganz auf gleicher Linie mit der Nornagests s. oder dem Tóka þ. Tókasonar, nur dass etwa der Umstand, dass die Langlebigkeit des Berichterstatters hier nur als eine fingirte, nicht als eine thatsächlich wahre behandelt wird, der Darstellung einen etwas minder abentheuerlichen, und vielleicht auch etwas humoristischeren Anstrich geben soll. Dagegen geht die persönliche Erscheinung der Helden, wie sie nach der zweiten Erzählung durch die Zauberkunst des Mágus vermittelt wird, schon um einen Schritt weiter, und zwar gleichviel, ob man dieselbe als eine wirkliche, d. h. durch die jenem Mágus zugeschriebene nekromantische Kunst bewirkte Todtenerweckung betrachten, oder ob man sie auf ein blosses, durch seine Zauberei vorgegaukeltes Blendwerk zurückführen wolle. Nicht mehr die blosse Erinnerung des greisen Erzählers, der successiv mit den verschiedenen Heroen der Vorzeit gelebt hat, ist es welche diese hier in Verbindung und Vergleichung zu einander zu bringen erlaubt, sondern es treten dieselben trotz aller Verschiedenheit der Zeit, in welcher sie gelebt haben, dem Beschauer selbst gleichzeitig vor die Augen, um sich vor ihm in wirklichem Kampfe mit einander zu messen. Insoweit steht demnach die zuletzt erwähnte Episode der Mágus s. mit unserem Gedichte bereits ganz auf derselben Stufe; hier wie dort werden uns die alten Helden gleichzeitig leibhaft vorgeführt, und hier wie dort wird ihnen Gelegenheit geboten, vor unseren Augen ihre Kraft an einander kämpflich zu versuchen. Es mag sogar sein, dass unser Dichter, der ja wie unten noch darzuthun sein wird die Mágus s. jedenfalls kannte und benützte, gerade aus ihr den Einfall entlehnte, die Helden der alten Sagen in möglichster Zahl kämpfend in Scene zu setzen; aber die Art, wie er diesen Einfall durchführt, dann der Zweck, welchem er denselben dienstbar macht, gehört ihm jedenfalls ganz ausschliesslich an, und gerade diese Verwendung und Durchführung ist von einer ganz eminent drastischen Wirkung. Während nämlich die sämmtlichen bisher besprochenen Erzählungen den Inhalt der älteren Sagen bona fide acceptiren und lediglich in ihrer Weise zur Unterhaltung oder Belehrung ihres Publicums zu verwerthen suchen, stellt sich unser Dichter demselben ganz unverkennbar kritisch-ungläubig gegenüber; er findet die romantisch-abentheuerliche Richtung, welche die spätere isländische Sagenlitteratur eingeschlagen hatte, in ihrer masslosen Uebertreibung lächerlich, und kehrt seinen Spott gegen dieselbe, indem er zugleich mit grossem Geschicke ihren haltlosen Phantastefeien die derbste Trivialität des gemeinen Alltagslebens gegenüberstellt, als deren vortrefflich gezeichneter Repräsentant der Bettler Skíði erscheint. Unwiderstehlich komisch wird mit wenigen Zügen die halb göttliche, halb irdisch-romantische Hofhaltung Óðins in Valhöll geschildert. Die Burgthürme glühen hier wie rothes Gold, und heller Schall durchtönt alle Gassen (68); in der Halle sitzt K. Óðinn von Asien mit allen seinen Äsen und Kämpfern, von goldigem Glanze umgeben (71). Das lässt sich allenfalls noch hören; aber wenn nun Freyja und Frigg auf ihrem Stuhle sitzend eingeführt werden, mit weissen Handschuhen an den Händen (87), wenn Reginn aufgeboten wird, eine neue Zwinge an den Bettelstab Skíði's zu schmieden, und der Zwerg Brokkr ihm dazu den Blasbalg ziehen muss (102—3), oder wenn Freyja sich als sorgsame Wirthschafterinn darüber ereifert, dass Óðinn soviel Butter verschenkt, die ihr ohnehin knapp werden will, und dass er sie dadurch der Schande aussetzt Butter kaufen zu müssen (105—106), so streckt der Schalk bereits sehr merkbar die Ohren heraus. Die 100 Könige, welche den Ívarr víðfaðmi alle Tage begleiten, wenn er spaziren geht (79), die 18 Zwerge, die bei Reginn sitzen, und alle vortreffliche Schmiede sind (82), verrathen bereits deutlich den humoristischen Spott über die Masslosigkeiten der romantischen Sagen; die folgenden Kampfscenen vollends sind mit sprudelndem Witze im gleichen Sinne gehalten. Wenn Geirmundr heljarskinn für seinen bettelhaften Landsmann eintritt, thut er es mit grimmiger Geberde, wüthend wie ein gefesselter Löwe (132), und wenn er den Harald hilditönn niederschlägt, hört man dessen Fall, wie wenn ein Waldbaum gefällt zur Erde stürzte, (133); wenn aber Widolf mit der Stange vor seinem Gegner fällt, hört man den Schlag sogar auf 100 Meilen weit (150). Es ist eine Kleinigkeit für die Helden, mit ganzen Haufen von Feinden zu kämpfen; der friesische Ubbi erschlägt 18 Männer, die doch alle Kämpfer ersten Ranges sind (142); von zwölf Helden wird Widolf angegriffen, ehe er erliegt (149), von 30 andern Skíði selbst, und dieser bringt es dahin, dass er 4 Äsen todtschlägt, 15 Andere zu Boden streckt und 12 an die Decke wirft (178—9), so dass er, wenn ich richtig rechne, sogar um Einen mehr umbringt, als mit ihm gekämpft hatten. Es versteht sich von selbst, dass auch die Wunden danach sind, die in solchen Kämpfen geschlagen werden, obwohl die Helden selbst sich nicht soviel aus ihnen machen: zwei Riesen reisst der starke þrúinn mitten auseinander, und wirft sie dann zur Thür hinaus (159), den Hálfdan jarl wirft Högni so kräftig in die Luft, dass er beim Niderfallen alle Ribben bricht (176), K. Gunnarr haut auf Sigurð bring so ein, dass sein Schwerdt in dessen Zähnen feststeht (155). Starkaðr trifft einen Andern so an der Stirn, dass sein Schwerdt ihn bis an den Bauch herab aufschlitzt (170); wenn Agnarr den Álf bis auf die Schultern herab spaltet, so setzt sich dieser nider und schweigt (115), und wenn sofort der Riese Eddgeirr dem Agnar den Schädel einschlägt, so lacht dieser, ehe er zusammenstürzt (146). Am Weitesten aber unter Allen' hat es der Friese Ubbi gebracht; 1800 Wunden hat er als er endlich fällt, und er stirbt nicht früher, als bis ihm die Lunge zu den Weichen herausfällt (144)! Bei solchen Anstrengungen und Verwundungen ist dann freilich kein Wunder, wenn Viele vor Müdigkeit sterben, und die Ueberlebenden bis an die Knöchel im Blute waten (156); um so wunderbarer aber, dass Skíði, der doch im Uebrigen als ein Mensch gemeinsten Schlages geschildert wird, unter allen diesen Helden und Riesen als ebenbürtiger, und fast mehr als ebenbürtiger Genosse einherschreiten kann. Ueberlang und dünn wie ein Riemen, bucklig und mit einem Höcker ausgestattet, langarmig und grosshändig, dünnen Barts, mit schiefen Zähnen und hervorstehenden Backenknochen, wird dieser schon äusserlich als eine Nichts weniger als anziehende Persönlichkeit beschrieben (8—9). Um Nichts reizender ist sein Aufzug. Ein langer Stab, mit Eisen schwer beschlagen, — ein Ranzen, worinn er eine Nadel zum Flicken seiner Schuhe und anderes änliches Zeug verwahrt, — ein Kästchen, in welchem er seinen Buttervorrath aufzubewahren pflegt; allenfalls auch ein paar Schuhe am Gürtel hängend, als Rückhalt für die die er anhat, das ist es was er bei sich trägt (10—11, dann 13 und 39). Seiner Lebtage auf der Bettelfahrt sich herumtreibend (12), und bereits 60 Jahre alt (94), hat der Mann ferner ganz die Eigenschaften sich angeeignet, die einer solchen Lebensweise entsprechen. Unverschämt im Gespräche mit tüchtigen Leuten (9), ein unerträglicher Schwätzer (11), und stets geneigt Jedermann Etwas anzuhängen (12), ein rechter Dumrian (98; so erklärt wenigstens Björn Haldórsson das Wort auli) ist er zugleich zu jeder Art von Ränken und Schwänken bereit (15); wer ihm nicht genug giebt, dem flucht er auch noch für das, was er von ihm erhalten (18), — wer ihn reichlich beschenkt hat, von dem verlangt er ohne Scham noch mehr (22—27; vgl. 100—104), und nur nach dem, was er von jedem Einzelnen bekommt, bemisst er sein Urtheil über die Leute (31—32; vgl. 97—99). So beschaffen ist während seines Erdenwallens der Mann, an welchen sich Óðinn wendet, wenn es gilt, unter seinen Königen und Helden Ruhe zu stiften, und die Feierlichkeit, mit welcher er beschickt und aufgenommen wird, tritt gleich von Vornherein in den drolligsten Contrast zu der durch und durch ordinären Natur des Bettlers. Von dem Momente an, da Skíði mit Þórr sich auf die Fahrt macht, beginnt er nun freilich eine doppelte Rolle zu spielen. Auf der einen Seite tritt er nun selber in die Reihe jener Sagenhelden von massloser Grösse und Leistungsfähigkeit ein. Der Marsch queer über die isländischen Ferner greift ihn nicht an, und wenn er mit seinem Geleitsmanne die See durchschreitet, so reicht ihnen das Wasser nicht über die Schuhe, und die Füsse werden ihnen nicht nass (55); an ganz Dänemark aber vorbeizukommen kostet sie nicht mehr als „drukklánga stund" (65), d. h. nur solange, als man etwa zu reiten pflegt, bis man wider Trinkens halber zukéhrt, — beiläufig bemerkt, eine noch heutigen Tages auf Island gebräuchliche Bezeichnung für ein gewisses Mass von Zeit und Entfernung. Als es zum Kampfe kommt, ist er keiner der schlechtesten Streiter; den Åsen Heimdall haut er über den Kopf, dass er bewusstlos zusammenbricht (128), und mit einer ganzen Schaar von Gegnern kämpfend, weiss er manchen von diesen zu erlegen (151); den giftspeienden Wurm Fáfnir vermag er zu bewältigen (161—165), selbst mit Þórr wagt er anzubinden (166—69), und wie er schliesslich einer Schaar von 30 Gegnern auf einmal sich zu entledigen weiss, ist oben bereits erwähnt worden. Aber auf der anderen Seite behält doch Skíði auch wider seine eigene, ordinäre Natur ganz und gar bei. Schon die Art, wie er erst ausspuckt, ehe er dem Þórr antwortet (51), und wie er unterwegs mit Ölmóð in eine Schimpferei sich einlässt (60—62), liegt ganz in dieser letzteren Richtung; dass er unterwegs ein paar Schuhe durchläuft, und dann ehe er nach Valhöll eingeht, diese in

seinen Ranzen thut, und ein paar andere anzieht (67), entspricht auch
der gemeinen Wirklichkeit mehr als der höheren Romantik; die Art
vollends, wie er in der Götterherberge sich aufführt, hat, bis es zum
Kampfe kommt, ganz das Gepräge seines irdischen Wesens. Gleich von
Vornherein ist es gerade Alles, dass ihm noch zur rechten Zeit einfällt
den Óðin zu begrüssen (91); von diesem nach ächt isländischem Brauche
um Neuigkeiten befragt, weiss er dumm und träge Nichts zu berichten
(93—94), und als er über die vornemeren Häuptlinge seiner Heimat
Aufschluss geben soll, weiss er nur von den Gaben zu erzählen, die
ihm þorgils und Sturla geschenkt haben (95—99). Seine ganze Bettel-
haftigkeit tritt zu Tage, als er sich von Óðinn selbst ein Geschenk erbitten soll; ein neues Beschläge an seinen Stock, dann ein tüchtiger
Vorrath von Butter ist es, worum der Mann den Götterkönig angeht
(100—107), und wenn er später um die Hild freit, so thut er auch diess
in den gemeinsten Worten (114). Um Nichts gewählter drückt er sich
aus, wenn er dem Högni und Héðinn zur Versöhnung zuspricht (117—
18), und bei der Verlobung wird die Hand, die er ausstreckt, ausdrücklich
eine schmutzige genannt (123); gleich darauf heisst diese Hand gar eine
Pratze (loppa, 125). Nur während des Kampfes tritt auch Skíði in die
Reihe der Helden ein; aber gleich nachdem er von dem jungen Sigurð
aus Valhöll hinausgeworfen worden ist, macht sich auch wider in gröbster
Weise seine Bettlernatur geltend, indem er ohne ein Wort über die er-
littene Unbill zu verlieren nur demüthig um den Butterkasten bittet,
der in der Götterhalle zurückgeblieben ist (185—86). Und sogar wo
er durch sein Christenthum den heidnischen Göttern Anstoss giebt, geschieht diess nur in trivialster Weise, durch unbedachten Gebrauch der im
alltäglichen Verkehre üblichen Redensarten und Gewohnheiten; so wenig
fromm, dass er selbst vor dem Einschlafen sich zu segnen vergisst (44),
und erst in der äussersten Noth sich dazu entschliesst, seinem Fluchen
zu entsagen und zu besonderem Fasten sich zu bequemen (202), sagt
er doch sein „hafi þér guðslaun, Óðinn", wenn ihm dieser einen Becher
Weins zukommen lässt (109), wünscht den Streitenden Gottes Segen,
wenn sie ihm zu liebe sich versöhnen wollen (118), und schlägt bei der
Verlobung sein hastiges Kreuz (125), ganz wie Einer, der ohne an Etwas
zu denken nur eben den Gebrauch mitmacht. Ganz wie Skí i's eigne

Person hiernach unbestimmt zwischen dem heldenhaftesten Heroenthume und der gemeinsten Strolchennatur hin und herschwankt, macht sich dasselbe Schwanken auch in den Urtheilen über ihn geltend, welche Seitens der Götter- und Heldenwelt über ihn geäussert werden. Nicht nur Skiði selber giebt nicht undeutlich zu verstehen, dass seiner Meinung nach wenige Männer auf Island mit ihm sich messen können (95—96), sondern auch Óðinn ist durch und durch derselben Ansicht. Weil er von seiner weltberühmten Tugend gehört hat, und alle Zierden dieser Welt um sich versammelt sehen möchte, beruft er ihn zu sich (49); mit etwas trivialen zwar, aber immerhin höchlich ehrenden Worten empfängt er ihn, als einen Gast auf den er sich schon lange gefreut hat, und heisst ihn neben ihm selber Platz nemen (92—3); er meint, es werde Wenige seinesgleichen auf Island geben (95), und nennt ihn selbst seinen Herren (102): er sucht ihn reichlich für die mühevolle Reise zu entschädigen (100), und trinkt ihm selber zu (108); er sucht ihn sodann durch eine Heirath in Valhöll zu fesseln, und lässt ihm dabei unter allen Weibern die Wahl, mit einziger Ausname seiner eigenen Frau (111); er empfiehlt ihn endlich persönlich der Hild als einen tüchtigen Kerl (120), und schenkt ihm bei seiner Verlobung mit dieser ganz Asien sammt dem Königsnamen (123—4). In gleicher Weise lobt sodann auch þórr des Mannes List und Weisheit (50), und rühmt ihm nach, dass er in sich die Kräfte der ganzen Welt vereinigt trage (58); wenn er zwar, ebenso wie Óðinn (110), an seinem Christenthume Anstoss nimmt (119), und später nach ausgebrochenem Kampfe ihn fortzubringen sucht (166—7), ja sogar mit seinem Mjölnir auf ihn einhaut (169), so thut diess diesem seinem Urtheile ebensowenig Abbruch, als etwa darinn eine Geringschätzung ausgesprochen liegt, dass Heimdallr den Skiði um seines Kreuzschlagens willen prügelt (125—7), dass Haraldr hilditönn ihn wegen seines Zuschlagens schilt (129), dass Freyja ihn in die Nase sticht (175), oder alle Äsen ihn nidergeschlagen wissen wollen, weil er ihnen allen gefährlich zu werden droht (177). Endlich stimmt zu jener hohen Achtung, die dem Manne erwiesen wird, auch der Umstand, dass Högni mit seiner Tochter nicht höher hinaus zu wollen erklärt, als Skiði um deren Hand wirbt, da dieser ein so wackerer Bursch sei (115), und dass Hildr selbst diesen nicht verschmähen will, obwohl sie damit ihrem Heðinn die gelobte Treue bricht (121). Aber auf der anderen Seite fehlt es auch nicht an gegentheiligen Stimmen, welche die volle Gemeinheit des Bettelmannes herausfühlen und aussprechen. Schon der Zauberer Ólmóðr will nicht recht an dessen ungewöhnliche Gaben glauben, und prophezeit ihm einen üblen Ausgang seiner Reise (59, und 61); bei seinem Eintritte in Valhöll frägt die ganze Heldenschaar lachenden Munds: „hvat mun hann vilja, Skíði?" (90); bei der Verlobungsfeier endlich sticheln gar Manche auf ihn: „stráklegr lízt mèr Skíði" (121). Dabei darf man nicht etwa in dieser Unbestimmtheit der Haltung Skíði's einen Mangel der Darstellung sehen wollen; im Gegentheile liegt vielmehr gerade darinn deren höchste Kunst. Wie Skíði nur im Traume nach Valhöll geführt wird, während er doch eigentlich seine Nacht auf dem Hofe im Hitardalr zubringt, und hier ein paar arme Bettelleute todtprügelt, während er mit den Åsen und ihrer ganzen Heldenschaar zu kämpfen meint, wogegen dann aber doch nicht nur er selber die Wunden wirklich an sich trägt, die ihm in der Götterwelt waren geschlagen worden, sondern auch seine zerrissenen Schuhe, das schwere eiserne Beschläge und der Buttervorrath, den er im Jenseits erhalten hatte, von der Wahrheit seiner Traumerscheinungen Zeugniss geben, ja sogar der ungeheuere Zahn sich bei ihm vorfindet, welchen er dem Fáfnir ausgeschlagen zu haben meinte, — wie also hier die Erzählung unbestimmt und nebelhaft zwischen Traumleben und Wirklichkeit dahingaukelt, uns im Unklaren lassend, wie viel oder wie wenig Realität wir den nächtlichen Schattengestalten zuzugestehen haben, so verschwimmt auch in Skíði und allen Denen die ihm gegenübertreten der irdisch-triviale und der überirdisch-romantische Charakter unlösbar in einander; die Unklarheit der Umrisse aber ist hier geradezu dadurch bedingt, dass das gegebene Bild der Anlage des ganzen Gedichtes nach ein Nebelbild sein soll und muss. So ist denn auch in der Sprache des Gedichtes die hochpoetische Diction eines ächten Heldenliedes in köstlichster Weise mit den alltäglichsten Wendungen des gewöhnlichsten Sprachgebrauches gemischt, so dass auch in dieser Beziehung die Möglichkeit vollkommen gewahrt bleibt, in der ganzen Traumerscheinung lediglich ein Phantasiebild zu sehen, wie es sich etwa der gemeinen Natur Skíði's unter dem Einflusse der bereits weit im Volke verbreiteten romantischen Sagen und Lieder vorspiegeln mochte. Zur Versöhnung aber der Contraste hat der

Dichter mit richtigem Tacte auch noch ein Stück gewöhnlichen, anständigen Erdenlebens mit eingeschoben, dessen gesunde Realität ebensoweit von der platten Gemeinheit des Bettlers wie von der überspannten Hohheit der Walhallagenossen abliegt, und er hat mit nicht minder gesundem Tacte zur Vertretung dieser wahrhaft menschlichen Mittelstufe zwischen beiden Extremen ein paar hervorragende Gestalten aus der Geschichte der einheimischen Vorzeit gewählt, da er die Gegenwart in seine Erzählung nicht hereinziehen durfte, wenn er der Gefahr Mistöne in diese hereinzubringen sich nicht aussetzen wollte.

Das Bisherige mag genügen, um den Grundgedanken des Gedichtes sammt der Art seiner Durchführung zu charakterisiren, und damit zugleich dessen Bedeutung als Kunstwerk zu bezeichnen. Unwillkürlich wird man beim Lesen desselben an den berühmten Ritter Don Quixote und dessen nicht minder gefeierten Knappen Sancho Pansa erinnert, die nur freilich in der isländischen ríma beide zu der einzigen Figur des Skíði zusammengezogen sind. Das letzte Ziel, die Verspottung nämlich der unnatürlichen Ueberspanntheiten der Romantik, theilt unser Dichter mit Cervantes, und der drastische Humor, mit welchem dieses Ziel von dem einen und anderen verfolgt wird, ist ebenfalls ein vollkommen ebenbürtiger; um so interessanter ist es zu sehen, in welch verschiedener Weise die beiden Meister den gleichen Vorwurf behandeln zu sollen geglaubt haben. Der Spanier verlegt den Conflict seiner Ritterromantik mit der Realität der Thatsachen in das wirkliche Leben, und gewinnt mittelst der dadurch bedingten grellen Tagesbeleuchtung unleugbar an schneidender Schärfe der Contraste; aber er muss dafür seinen Haupthelden zu einem ganzen, und dessen Begleiter zu einem halben Narren machen, wodurch unsere Theilnahme an beiden gemindert, oder wenigstens auf den Abweg des Mitleides mit ihrem krankhaften Geisteszustande abgelenkt wird, und seine ganze Erzählung erhält durch die fortwährende Nöthigung zu den abnormsten, ungesundesten Voraussetzungen selbst einen gewissen gespreitzten und forcirten Charakter. Der Isländer dagegen schiebt denselben Conflict in das Traumleben hinüber, und schafft sich dadurch die Möglichkeit eines ganz naturgemässen Absehens von den realen Voraussetzungen des täglichen Lebens; er führt uns eine doppelte Welt vor, deren jede ihre eigenen Lebensbedingungen zu haben scheint, und die er doch auf Schritt und Tritt in einander hinüberspielen lassen kann, weil wir ja Alle wissen, wie häufig ein solches Hinübergreifen des Tageslebens in das Traumleben ist; er vermag durch die nebelhaftere Zeichnung seiner Gestalten die allzu schrillen Contraste abzudämpfen, während der Leser sich doch sagen muss, dass jene Unbestimmtheit der Contouren einer Traumerscheinung völlig adæquat ist, und er kann schliesslich die Realität des Geträumten dennoch dahingestellt sein lassen, weil er bei seinem Publicum immerhin auf eine ähnlich schwankende Ansicht über die Natur und Verlässigkeit der Träume rechnen darf. Die durchaus realistische, scharf gezeichnete Schilderung der irdischen Geschicke seines Helden lässt dabei diese unbestimmtere Haltung alles Dessen, was demselben im Traume begegnet, nur um so entschiedener hervortreten, und die vergleichsweise Kürze des Gedichtes gestattet andererseits dem Leser, der Illusion des Traumlebens gerade so lang sich hinzugeben, bis der Dichter selbst ihn wider aus diesem zu erwecken und von jener zu befreien für gut findet, während sie zugleich der Ermüdung, welche das allzu lange Fortspinnen und allzu breite Ausmalen der verfolgten Contraste unvermeidlich mit sich führt, erfolgreich von sich abwehrt. Mag sich hiernach unser Gedicht immerhin mit Ehren neben dem gefeierten spanischen Romane sehen lassen, so wird für dessen litterargeschichtliche Verwerthung natürlich sofort die Frage wichtig, welches denn wohl die Quellen gewesen seien, aus welchen unser Dichter geschöpft haben möge, und welches zumal die Fabelsagen, um 'deren witzige Verspottung es ihm zu thun gewesen war. Die Beantwortung dieser Frage ist von Werth sowohl für die Bestimmung der Entstehungszeit der Skíðaríma als auch für die litterargeschichtliche Beurtheilung der Periode, welcher wir dieselbe zuweisen zu müssen glauben; sie setzt aber eine ziemlich mühselige Prüfung voraus, da die meisten der im Gedichte genannten Namen oder erwähnten Züge nur so obenhin in dieses verwebt sind, dass es sich schwer bestimmen lässt aus welcher von mehreren Quellen, welche dieselben besprechen, unser Dichter sie gerade entlehnt habe, und weil sich überdiess nicht immer mit Sicherheit behaupten lässt, ob derselbe, was er entlehnte, aus den uns bekannten Quellen direct oder indirect, etwa durch Vermittlung irgend welcher poetischer Bearbeitungen älterer Sagenstoffe, bezogen habe. So will denn auch die folgende Erörterung auf die Bedeutung einer erschöpfenden und endgültigen Lösung keinerlei Anspruch machen. Unzweifelhaft hat unser Dichter die Snorra-Edda gekannt. Aus ihr konnte er zunächst fast alles Dasjenige entlehnen, was er aus der heidnischen Göttersage sich angeeignet hat: den Namen der Æsir also und deren Zwölfzahl, (71[1]), — den Namen Ódins, sowie dessen Beinamen Fjölnir, Rögnir, Háfi, von welchen der letztere übrigens nur in der Umschreibung „Háfa höll" vorkommt (90, 184), die sich ebenfalls bereits in der jüngeren Edda gebraucht findet[2]), — den Namen þórs oder Ásaþórs, sowie den seines Hammers Mjölnir, — die Namen Baldrs, Heimdalls, Hœnir's, Njörð's, dann des Loki und seines Vaters Farbauti, — endlich auch den Namen der Frigg und der Freyja. Aus der Snorra-Edda liess sich ferner auch der Name der Vallhöll, sowie die Vorstellung entnemen, dass Óðinn auch wohl ein irdischer König, und zwar eines asiatischen Reiches (Ásaheimr, Ásalönd, Ásaveldi) gewesen sein möge, eine Vorstellung, die unser Dichter freilich in höchst burlesker Weise ausgenützt hat. Auffällig ist insoweit nur, dass bei ihm, anders als in der Snorra-Edda, nicht Frigg als Óðins Frau auftritt, sondern Freyja; indessen wird sich unten noch zeigen, aus welcher anderen Quelle unsere ríma diese Modification bezogen hat. Auch für die Heldensage ist aber dieselbe jüngere Edda benützt. Aus ihr stammen die Zwerge Suðri und Brokkr, deren letzterer freilich nur in einem Verse genannt wird, welcher in den meisten Hss. der Skíðaríma fehlt (siehe die Anmerkung zu 103); wohl zu beachten ist dabei, dass Brokkr nur in der Snorra-Edda erwähnt wird, und hier gerade in derselben Function welche er auch in unserem Gedichte zu übernemen hat, nämlich als Blasbalgtreter[3]). Ebendaher kann ferner genommen sein der Name des kunstfertigen Schmiedes Reginn und seines in Wurmgestalt auftretenden Bruders Fáfnir, — der Name des Gunnarr und des Högni, deren ersterer ausdrücklich

---

1) Gylfag. cap. 20, S. 62 (ed. Arnam.): tólf eru Æsir goðkonnigir. Der Kürze wegen citire ich regelmässig die Strophen nicht, in welchen die einzelnen Namen vorkommen, und gebe dafür am Schlusse ein Namensverzeichniss zu der Skíðaríma.

2) ebenda, cap. 2, S. 30.

3) Skáldskaparm., cap. 85, S. 340—42.

als Sohn des Gjúki bezeichnet wird (154), — der Name des jungen
Sigurðr, des Fáfnistödters (85), welcher gerade in der jüngeren Edda
widerholt oben den Beinamen „sveinn" führt, unter welchem er in unserem Gedichte regelmässig vorkommt[1]), — der Name Völsúngs und
der Völsúngar[2]), — der Name des Königs Hrólfr kraki und seines
Kämpfers Böðvarr bjarki, oder wie er im Gedichte heisst, einfach Bjarki[3]),
— endlich die Namen des Höðinn und Högni, sowie der Tochter des
letzteren, Hildr[4]). Indessen könnten doch alle diese Namen recht wohl
auch aus anderen Quellen geschöpft sein, welche, wie z. B. die Nornagests s., nachweisbar für die Skiðaríma benützt wurden; in manchen
der hier einschlägigen Fälle liegen geradezu bestimmende Gründe vor,
welche eine Entlehnung aus derartigen weiteren Quellen anzunehmen uns
nöthigen, in anderen aber fehlt wenigstens jeder zwingende Grund, an
die Snorra-Edda zu denken. Da übrigens diese letztere bereits im Verlaufe des 14. Jahrhunderts diejenige Gestalt erhielt, in welcher sie uns
aufbewahrt ist, und das ganze Mittelalter hindurch auf Island allgemein
bekannt und im Gebrauche war, hat ihre Benützung für unser Gedicht
in keiner Weise etwas Auffallendes, welches auch die Entstehungszeit
sei, welche wir diesem etwa anweisen zu müssen glauben mögen. —
Ganz unverkennbar hat ferner unser Dichter die Bragðamágus saga
benützt, von welcher wir eine bereits am Anfange des 11. Jahrhunderts
auf Island geschriebene Hs. (AM. 580, B) haben[5]), sodass auch deren
Benützung unter keiner Voraussetzung auffallen kann. Der Name Skeljakarl, welchen unser Gedicht einmal nennt, kommt nur in dieser einzigen
Sage vor, und zwar als ein von Mágus jarl angenommener[6]); diess genügt, um dieselbe als Quelle jenes ersteren zu legitimiren, und legt die
Vermuthung nahe, dass auch andere in ihr genannte Personen gerade
aus ihr in dieses herübergekommen sein mögen. Es gilt dies zunächst

---

1) ebenda, cap. 42, S. 366: Svanhildr, dóttir Sigurðar sveins; S. 370: Eptir Sigurð svein
 liði dóttir, er Aslaug hét.
2) Formáli, cap. 10, S. 26; Skáldskaparm., cap. 64, S. 522.
3) Skáldskaparm, cap. 44, S. 392—400.
4) ebenda, cap. 50, S. 432—36.
5) vgl. Konráð Gíslason, Um frumparta íslenzkrar túngu, S. XLIV—V.
6) siehe oben, S. 176.

von K. Hálfr und K. Haraldr hilditönn, von K. Hrólfr kraki und K. Gunnarr, von Utsteinn und Hrókr svarti; allerdings fehlt es bei dem einen oder anderen dieser Helden auch nicht an Anhaltspunkten, welche auf eine andere Quelle für deren Heranziehung zu weisen scheinen, wie denn z. B. K. Gunnarr in der Mágus s. nicht als Gjúkason, und Útsteinn nicht als Jarl bezeichnet wird, indessen lässt sich aus derartigen kleinen Differenzen nicht viel schliessen, da die Hss. der Sage weit auseinandergehen, und unsere einzige Ausgabe derselben nur auf einige wenige und zwar wie es scheint gerade jüngere Codices gebaut ist. Auf diesen letzteren Umstand möchte ich zumal zurückführen, dass von den 4 Riesenbrüdern Eddgeirr, Aventroð, Viðólfr mittumstángi und Aspilían, welche die þiðrfks s. erwähnt[1]), in unserem Gedichte zwar die 3 ersteren auftreten, aber der vierte ungenannt bleibt, während die Mágus s. umgekehrt den Aspilían nennt und dafür den Eddgeir auslässt[2]); da hier nämlich ausdrücklich von 4 Riesen gesprochen wird, mag ja wohl der Name des vierten nur durch einen Schreibverstoss ausgefallen, und in dem Texte der Sage noch genannt gewesen sein, welchen der Verfasser unseres Gedichtes benützte. Jedenfalls genügt mir dieser einzige Riesenname nicht, um mich auf eine Benützung der þiðríks s. neben der Mágus s. schliessen zu lassen; den Sigurð svein, welchen diese allerdings nennt, konnte unser Dichter wie oben bemerkt auch aus der Snorra-Edda haben, und auch dessen Schwerdt, Gramr, wird ja in ihr schon erwähnt[3]), — die Ísúngssöhne unseres Gedichtes aber werden zwar in der þiðrfks s. oft genug erwähnt[4]), aber sie treten auch in der Mágus s. handelnd auf[5]), und aus dieser wie aus jener mögen sie darum in jenes gekommen sein. Dagegen heissen Gunnarr und Högni in der þiðrfks s., in welcher sie allerdings auch auftreten, Söhne des Königs Alldrian, Fáfnir aber wird nur ein einziges Mal, und zwar unter dem verkehrten Namen

---

1) s. B. in ihrem cap. 27, S. 33.
2) cap. 42, S. 100.
3) Skáldskaparmál, cap. 40, S. 354.
4) cap. 168, S. 170; cap. 190, S. 183; cap. 200, S. 189; cap. 208—224, S. 196—207; cap. 245, S. 222; cap. 850—53, S. 303—5.
5) cap. 87, S. 91, und cap. 41, S. 98.

Faðmir, erwähnt, während im Uebrigen Reginn seine Stelle einnimmt[1]); alle 4 Gestalten können somit unmöglich aus jener Quelle in die Skíðaríma herübergenommen worden sein, und überdiess würde doch wohl, wenn die þiðríks s. überhaupt von derselben benützt worden wäre, auch noch so manche andere der ihr eigenthümlichen Persönlichkeiten, und zumal deren Hauptheld, K. Dietrich von Bern selber, in jene übergegangen sein. Anderer Ansicht ist freilich P. E. Müller[2]); aber wenn derselbe meint, der Berner sei einfach darum nicht mit unter die Helden der Valhöll eingereiht worden, weil er als ein fremder und nicht als ein einheimischer Heros betrachtet worden sei, so ist dieser Einwand in keiner Weise stichhaltig, da ja Abendroth und Vidolf mit der Stange ganz gewiss um Nichts nationaler gehalten sind. — Widerum steht fest, dass unser Dichter das Sögubrot af nokkurum fornkonúngum benützt, und zwar sehr ausgiebig benützt hat. Man hat dieses vielfach, und wohl nicht ganz mit Unrecht, für einen Ueberrest der alten Skjöldúnga s. gehalten, welche in der Heimskríngla angeführt wird, und von welcher nach dem Zeugnisse des Árni Magnússon[3]) noch zur Zeit des Bischofes Ólafr von Hólar (doch wohl Rögnvaldsson, 1459—95) ein Exemplar in dem Inventure der Kirche von Möðruvellir verzeichnet stund; eine Benützung des Stückes, und zwar möglicher Weise sogar noch in etwas weiterem Umfange als in welchem dasselbe uns erhalten ist, kann hiernach an und für sich nicht Wunder nemen, und sie ist in der That leicht zu erweisen. So trägt z. B., um gleich das Entscheidendste anzuführen, Ubbi hier wie in unserem Gedichte den Beinamen „hinn fríski", der ihm sonst meines Wissens nirgends beigelegt wird, und wie er in der Sage auf Seiten des K. Harald bilditönn kämpft, so wird er auch in unserem Gedichte gerade dadurch zum Dreinschlagen bewogen, dass Geirmundr heljarskinn eben diesen Harald zusammenhaut; dabei spielt er hier wie dort dieselbe mächtig hervorragende Rolle, und wenn ihn unser Gedicht von 1800 Wunden bedeckt fallen lässt (144), so liegt darin offenbar ein nicht unverdienter Spott über die zwei Duzende von

---

1) þiðríks s. cap. 168, S. 165, und cap. 186, S. 181.
2) Sagabibliothek, II, S. 597—99.
3) FAS., I, S. XXIII.

Pfeilen, welche ihm die Sage in die Brust schiessen lässt, ehe er glücklich verscheidet[1]). So trägt ferner Starkaðr hinn gamli gerade diesen Beinamen, welchen ihm unser Gedicht beständig giebt, auch in jenem Sagenbruchstücke, während er denselben ausserdem nur noch in der sehr späten Egils s. og Ásmundar führt, und hier wie dort tritt er gleichmässig unter den Gegnern K. Haralds und Ubbi's auf. Ist aber hiedurch einmal die Benützung des Stückes durch unseren Dichter erwiesen, so kann auch Nichts mehr der Anname im Wege stehen, dass auch K. Haraldr hilditönn und Sigurðr bringr, K. Ívarr víðfaðmi und Hálfdan snjalli, Áli hinn frækni, welchen die Sage wie das Gedicht (80) neben K. Sigurð hring nennt, endlich Agnarr, der hier (145) doch wohl nur aus Versehen dem Áli gegenübergestellt wird, auf dessen Seite er nach der Sage steht, ebendaher in das Gedicht gekommen seien; ja sogar für K. Ragnarr loðbrók sammt seinen Söhnen eröffnet sich dieselbe Möglichkeit, soferne die Ragnars s. loðbrókar für dieses jedenfalls nicht benützt, und der þáttr af Ragnarssonum auch seinerseits aus der Skjöldúnga s. geflossen zu sein scheint. — Auch die Benützung der Hrólfs saga Gautrekssonar ist nicht zu bezweifeln, und scheint mir hiefür zunächst der Umstand entscheidend, dass nur in ihr Þórir járnskjöldr genannt wird, und zwar als widerwilliger Gegner, und später treuester Freund eben jenes Königes Hrólf Gautrekssons, neben welchem ihn auch unser Gedicht zunächst nennt (81). Dieselbe Sage nennt ferner auch den K. Gautrek, und hebt ausdrücklich dessen Milde hervor[2]), nach welcher ihm unser Gedicht, wie freilich auch so manche andere Quelle, den Beinamen „hinn mildi" gewählt hat. Endlich wird von den beiden Hauptthelden der genannten Sage, nämlich K. Hrólf Gautreksson und dessen Bruder Ketill, nicht nur der erstere in unserem Gedichte einmal deutlich genug erwähnt (83), sondern es können auch nur diese beiden Brüder gemeint sein, wenn an einer anderen Stelle desselben (172) „Ketill og Hrólfr" neben Gautrek dem Milden genannt werden; Ketill wird aber meines Wissens in keiner anderen Sage mehr erwähnt. Bemerkenswerth

---

1) ang. O., cap. 9, S. 381.
2) cap. 1, S. 57. (FAS., III).

ist dabei, dass die Gautreks konúngs saga, welche doch in den meisten
Hss. mit jener ersteren verbunden auftritt, in unserer ríma nicht benützt
zu sein scheint; wenigstens brauchen die Namen K. Gautreks und seines
Sohnes Hrólf nicht aus ihr genommen zu sein, und der K. Vikarr unseres Gedichtes scheint, wie unten noch zu erörtern sein wird, nicht der
in ihr genannte zu sein, von den der Gautreks s. eigenthümlichen Namen
aber ist keiner in unserem Gedichte zu finden. Uebrigens scheint auch
der handschriftliche Befund darauf hinzudeuten, dass beide Sagen ursprünglich von einander unabhängig waren, und von der Hrólfs s. wenigstens ist uns noch ein aus dem Anfange des 14. Jahrhunderts stam-
mendes Membranfragment erhalten[1]). — Ebenso ist aber auch die
Gaungu-Hrólfs saga benützt, deren handschriftliche Gewähr doch nicht
über den Anfang des 15. Jahrhunderts hinaufzureichen scheint, soferne
von den 3 bei ihrer Herausgabe benützten Membranen die eine (nr. 2845,
4° der alten kgl. Bibliothek) nicht vor dem Anfange, die zweite und
dritte (AM. 152 fol. und AM. 589, f., 4°) nicht vor dem Ende dieses
Jahrhunderts geschrieben sein sollen[2]); indessen mögen doch diese Angaben nicht ganz erschöpfend sein, und jedenfalls schliessen sie die
Möglichkeit nicht aus, dass der Text der Sage doch noch um einige Zeit
früher entstanden sein könnte. Es ist aber zunächst der Name Gaungu-
Hrólfs selber, welcher aus dieser herübergenommen ist; ausser ihr nennen den Helden zwar auch noch die Hálfdanar s. Eysteinssonar und die
Sturlaugs s. starfsama, aber beide erwähnen seiner nur ganz beiläufig,
und von den Hauptfiguren beider Sagen nimmt unser Gedicht keinerlei
Notiz, so dass wohl mit Sicherheit auf jene andere Bezugsquelle zu
schliessen ist, zumal sich auch andere unzweideutige Spuren ihrer Benützung in jenem nachweisen lassen. Wenn nämlich unser Gedicht dem
Gaungu-Hrólf den Sörli hinn sterki gegenüberstellt (148), so ist diess
augenscheinlich eine Verwechslung mit jenem Sörli sióneft, mit welchem
die Sage denselben kämpfen lässt[3]); wenn jenes ferner einen Brúsi berserk
nennt (171; 173), so ist damit doch wohl der Brúsi beinserkr der Sage

---

1) vgl. FAS., III, S. VI.
2) vgl. FAS. III, S. IX—X, mit I, S. XIX—XX und III, S. VII.
3) cap. 31, S. 329 (FAS., III).

gemeint, welcher ja auch als oin bersorkr bezeichnet wird, und aller
Wahrscheinlichkeit nach ist auch an ein paar anderen Stellen (160; 163)
dieselbe Person gemeint, wo von einem Brúni berserkr gesprochen wird,
wie denn auch das eine Mal dafür die Variante Brúsi richtig vorkommt.
— Eine weitere Quelle unseres Gedichtes ist sodann der Sörla þáttur
unserer Flateyjarbók, welcho bekanntlich in den beiden letzten Jahrzehnten
des 14. Jahrhunderts geschrieben ist. Nur aus ihm kann Sörli
hinn sterki entlehnt sein, welcher in der Skíðaríma wie im Sörla þ. eine
Rolle spielt, und dessen sonst meines Wissens nirgends weiter gedacht
wird, ausser etwa in der jüngeren Bearbeitung der þórðar s. hreðu und
wider in der Sörla s. ens sterka, zwei ziemlich späten Machwerken, von
deren Benützung für unser Gedicht schon aus dem Grunde nicht die
Rede sein kann, weil dasselbe keiner anderen in denselben figurirenden
Persönlichkeiten, und zumal keines ihrer sonstigen Haupthelden Erwähnung
thut. Zu beachten ist ferner, dass gerade im Sörla þ. die Freyja
wenn auch nicht als Frau, so doch als Kebsweib Óðins auftritt[1]), sodass
aus seiner Benützung die auffallende Uebertragung der der Frigg gebührenden
Stelle an Freyja sich allenfalls erklären lässt, ohne dass man
nöthig hätte mit Finn Magnússon[2]) an eine Verwechslung Óðins mit
dem Óðr zu denken, welchen die Snorra-Edda dieser zum Mann giebt.
Endlich ist auch nicht zu übersehen, dass nicht nur Loki sammt seinem
Vater Farbauti in diesem Stücke ebensogut wie in der Snorra-Edda vorkommt,
sodass unser Dichter deren Namen ebensogut daher wie dorther
haben konnte, sondern dass auch die Erzählung von Heðinn und Högni,
dann des letzteren Tochter Hildr, sich hier ebensowohl wie dort vorgetragen
findet, während sie ausserdem nur noch bei Saxo Grammaticus
widerkehrt[3]), dessen lateinisch geschriebenes Werk doch wohl bei der
hier in Frage stehenden Untersuchung völlig ausser Betracht zu bleiben
hat. Allerdings widerspricht die Angabe der ríma (121), dass Hildr
dem Heðinn gelobt habe auf ihn zu warten, sowohl der Darstellung der

---

1) Flateyjarbók, I, cap. 228, S. 275: dottir Niardar het Freyia; hon fylgde Odni ok var
frilla hans.
2) Lexicon mythologicum, S. 79, not. 4 (der Separatausgabe).
3) Histor. Dan., V, S. 238—42, (ed. Müller und Velschow).

Snorra-Edda als der des Sörla þ., und nähert sich eher der Erzählung Saxo's; aber doch möchte ich auf diesen Punkt nicht viel Gewicht legen, da derselbe für unseren Dichter ohne alle Bedeutung war, und daher von ihm, der doch sicherlich nur nach dem Gedächtnisse arbeitete, recht wohl übersehen werden konnte. Erheblicher möchte vielleicht scheinen, dass Hildr bei diesem ganz consequent den Beinamen „hin mjófa" führt, welcher doch in der That einer ganz anderen Hildr Högnadóttir zukommt, deren an einer anderen Stelle der Flatcyjarbók[1]), dann aber auch in der Húlfs konúngs s.[2]) und in der Landnáma[3]) gedacht wird; indessen war doch auch hier für einen auf sein Gedächtniss sich verlassenden Dichter eine Verwechslung leicht möglich, wenn er anders neben dem Sörla þ. und der Snorra-Edda auch noch jene anderen Quollen oder doch eine von ihnen kannte. Uebrigens mag, wem diese Erklärung der geringen sich darbietenden Abweichungen nicht genügt, auch noch nach einer anderen greifen. Im Sörla þ. selbst wird einmal gelegentlich auf einen älteren Sörla stikki Bezug genommen[4]); recht wohl möglich wäre demnach dass dieser und nicht die prosaische Erzählung unserem Dichter vorgelegen hätte, und dass dort vielleicht jene unbedeutenden Differenzen von dieser bereits zu finden gewesen waren. — Aus der Hervarar saga müssen wohl die Arngrímssöhne in unser Gedicht herübergekommen sein, da dieselben sonst nur noch in der Örvarodds s. flüchtig genannt werden; hätte aber unser Dichter diese letztere vor Augen gehabt, so würde er wohl sicherlich die für ihn so ungemein gut verwerthbare Figur Örvar-Odds selber sich nicht haben entgehen lassen. Die kürzere Recension der Hervarar s., welche der Arngrímssöhne ebensogut gedenkt wie deren spätere Ueberarbeitungen, findet sich aber bekanntlich bereits in der zu Anfang des 14. Jahrhunderts geschriebenen Haukabók. — Widerum scheint mir unzweifelhaft benützt worden zu sein die Hrómundar saga Greipssonar. Aus ihr wird wohl der Name des Gnóðar-Ásmundr entlehnt sein[5]), welcher sonst nur noch in der, offenbar nicht

---

1) Flbk, I, S. 23 (Hversú Noregr bygðizt).
2) cap. 5, S. 28, und öfter (FAS., II).
3) II, cap. 19, S. 120.
4) Flbk, I, S. 278.
5) cap. 1, S 867 (FAS., II).

benützten, Gríms s. loðinkinna, sowie in zwei sehr späten Erzählungen, der Egils s. og Ásmundar nämlich und der Illuga s. Gríðarfóstra, erwähnt wird, deren gesammter übriger Inhalt sich gleichfalls wider nicht benützt zeigt; aus ihr ferner auch der Name des þráinn í haugi, dessen sonst nur die Hervarar s. einmal gelegentlich Erwähnung thut, und dessen ganzes gespenstiges Auftreten in unserem Gedichte lediglich aus der Hrómundar s. herstammen kann. Allerdings ist die uns vorliegende Bearbeitung dieser Sage sehr jung[1]); aber wir wissen, dass bereits in der ersten Hälfte des 12. Jahrhunderts eine Hrómundar s. auf Island erzählt wurde, in welcher die auf þráinn bezüglichen Erzählungen schon vorkamen[2]), und da auch schon der Sörla þ. der Flateyjarbók das Schiff Gnóð nennt, nach welchem Ásmundr benannt ist, wird doch wohl auch von ihm schon dazumal in der Sage gehandelt worden sein. — Zweifelhafter erscheint mir, ob die Hálfs konúngs saga von unserem Dichter benützt worden sei; doch möchte ich die Frage Alles in Allem genommen eher bejahen als verneinen. Dass aus ihr der Beiname „hin mjófa" herstammen könne, welchen die Hildr Högnadóttir in unserem Gedichte, wiewohl irriger Weise, trägt, ist bereits oben erwähnt worden; aber freilich könnte ihr derselbe auch aus dem Stücke der Flateyjarbók, welches „hversú Noregr bygðist" überschrieben ist, wenn nicht gar aus der Landnáma zugeflossen sein. Weiterhin könnte natürlich der Name des K. Hálf selbst aus seiner Sage genommen sein, und liesse sich für diese Vermuthung etwa anführen, dass gerade in ihr die Abstammung des Geirmundr heljarskinn von jenem Könige besprochen wird[3]), welche unser Gedicht im Sinne haben muss, wenn sie den Hálf eben diesen Geirmund als seinen Verwandten bezeichnen lässt (135); wenn ferner in der Skíðaríma ein paar Male die Variante Álfr für Hálfr vorkommt (136; 174), und an einer dritten Stelle (73) ein „Álfr kongr hinn sterki" genannt wird, welcher doch auch nur für denselben Hálf genommen werden kann, für welchen der Beiname „hinn sterki" vortrefflich passt und der

---

1) vgl. was ich über diesen Punkt in der Zeitschrift für deutsche Philologie, I, S. 80, Anm. 2 bemerkt habe.
2) Sturlánga, I, cap. 13, S. 28.
3) Hálfs konúngs s., cap. 17, S. 59—60 (FAS., II).

überdiess unmöglich bei der vorläufigen Aufzählung der in Valhöll zechenden Helden übergangen werden konnte, so bietet auch hiefür dessen Sage mehrfache Parallelen[1]). Aber der letztere Umstand bedeutet wenig, da ja das Fallenlassen eines anlautenden H überhaupt eine bekannte Eigenthümlichkeit der isländischen Sprache ist, und das verwandtschaftliche Verhältniss K. Hálfs zu Geirmundr heljarskinn liess sich allenfalls auch aus der Landnáma oder Sturlúnga entlehnen, deren letztere wenigstens unserem Dichter unzweifelhaft vorlag[2]); da zudem K. Hálfs Name auch sonst noch in so manchen Quellen vorkommt, welche von diesem entschieden benützt wurden, wie z. B. der Bragða-Mágus s., dem Norna-gests þ. und etwa noch dem Stücke „hversú Noregr bygðizt", so bleibt natürlich auch bezüglich seiner die Sache immerhin in der Schwebe. Wenn ferner Hrókr hinn svarti und Útsteinn, welche das Gedicht für K. Hálf Parthei ergreifen lässt (141), zwar allerdings auch in der Sage unter den Hálfsrekkar mit aufgezählt werden, so ist doch auch diess nicht entscheidend, da auch die Mágus s. beide in gleicher Weise verwendet; dass Utsteinn auch in der Hálfs s. den Jarlstitel nicht führt, den das Gedicht ihm beilegt, kann dabei keinen Ausschlag geben, da auch die Mágus s., so wie sie uns gedruckt vorliegt, denselben nicht kennt, andererseits aber die Hálfs s. den Mann zu einem Sohne des Álfr jarl hinn gamli macht[3]), also dessen jarlsmässige Geburt anerkennt. Da beide Helden ausserdem auch noch in den Geschlechtsregistern der Flateyjarbók, und Hrókr überdiess auch in der Hrómundar s. Greipssonar vorkommt, ist aus ihrer Erwähnung vollends gar Nichts zu schliessen. Ebensowenig Werth lege ich darauf, dass der in unserer ríma einmal genannte K. Haki auch in der Hálfs s. erwähnt wird; die Zusammenstellung: „Haka líta og Hagbarð má" (74), deutet nämlich auf die Entlehung aus einer Quelle, welche beide Brüder, K. Hámunds Söhne, eben-

---

1) so z. B. Álfr für Hálfr, in cap. 15, S. 47; Álfsrekkar für Hálfsrekkar, cap. 10, S. 37. Die in der ríma zweimal vorkommende Variante Hálfdan für Hálfr ist natürlich bedeutungslos und einfach zu verwerfen.
2) vgl. Sturlúnga, I, cap. 1, S. 1; Landnáma, II, cap. 19, S. 120—1.
3) cap. 10, S. 80—87. Ich will übrigens nicht unterlassen zu bemerken, dass das oben erwähnte von Tóki Tókason handelnde Stück den Útsteinn ausdrücklich als Jarl bezeichnet; Flateyjarbók, II, S. 137.

falls bereits neben einander genannt hatte, also etwa, wenn ich von der
Ynglínga s. absehen will[1]), aus der Snorra-Edda oder der Völsúnga saga[2]).
Am Ehesten noch möchte ich mich dafür entscheiden, dass unter dem
Könige Vikarr, welchen unser Gedicht mehrmals als einen streitbaren
Helden nennt (77, 148, 174), der in der Hálfs s. erwähnte K. Vikarr
Alreksson zu verstehen sei, welchen auch die Stammtafeln der Flateyjarbók
aufführen[3]); an den in der sonst nicht benützten Gautreks s. auftretenden
K. Vikarr Haraldsson möchte ich weniger denken, wiewohl ich zugeben
muss, dass man auf Island schon frühzeitig beide nicht mehr gehörig
zu scheiden wusste[4]). — Aus der Völsúnga saga könnte allenfalls,
wie soeben bemerkt wurde, der Name der Brüder Haki und Hagbarðr
geflossen sein, sowie etwa auch der Name des Völsúngr und der Völsúngar,
sammt manchen anderen schon gelegentlich der Snorra-Edda erwähnten
Namen; da indessen bezüglich ihrer aller auch diese letztere Quelle ge-
dient haben kann, wage ich die Benützung jener ersteren weder zu bejahen noch zu verneinen. Aus demselben Grunde muss ich auch dahingestellt sein lassen, ob unser Dichter die Hrólfs saga kraka gebraucht
habe. Der Name des Königs Hrólfr kraki selbst, dann der seines Kämpfers
Böðvarr bjarki wird in dem Gedichte genannt, und auch auf die Zwölfzahl seiner Dienstmannen wird gelegentlich in diesem hingedeutet (149);
aber alles Das liess sich aus der Snorra-Edda ganz ebensogut entnemen
wie aus der Hrólfs s. kraka, und bildet somit für die Benützung der
letzteren neben jener ersteren keinen hinlänglichen Beweis. — Nach
allem Dem blieben unter den in Valhöll sitzenden Helden unseres Gedichtes nur noch einige wenige übrig, deren Herkunft noch zu bestimmen ist. Unter diesen wird K. Hálfdan hinn mildi in der Ynglínga
s., der ausführlicheren Úlafs s. Tryggvasonar, den Geschlechtsregistern der Flateyjarbók und dem Fragmente „af Upplendínga
konúngum" erwähnt[5]); Blót-Haraldr muss in einer Sage, welche die

---

1) Heimskríngla, cap. 25—27, S. 19—21; vgl. auch Saxo, VII, S. 558—60.
2) Skáldskaparm., cap. 75, S. 547; Völsúnga s., cap. 25, S. 180 (FAS. I).
3) Hálfs konúngs s., cap. 1—4, S. 26—28; Flbk, I, S. 25.
4) vgl. den Nachtrag der Skarðsárbók zur Landnáma, S. 326—28.
5) Heimskríngla, cap. 52, S. 39; FMS. I, cap. 1, S. 1; Flbk, I, S. 25 und 26, dann 39;
FAS., II, cap. 2, S. 104.

Samsonar s. ens fagra erwähnt ohne sie doch des Näheren zu bezeichnen, eine hervorragende Rolle gespielt haben[1]); Andri jarl ist der Held der auf Island sehr beliebten Andra-rímur, welche im 16. Jahrhunderte von Sigurðr blindi gedichtet worden sein sollen[2]), und muss somit über ihn eine ältere Sage vorhanden gewesen sein, obwohl bereits Hálfdan Einarsson erklärt[3]), niemals eine solche zu Gesicht bekommen zu haben; endlich Hálfdan jarl will sich von mir überhaupt nicht bestimmen lassen, da jede nähere Bezeichnung fehlt und der Hálfdane in den Sagen gar viele auftreten: vielleicht ist an einen Mann dieses Namens zu denken, der, freilich nicht als Jarl bezeichnet, unter den Recken K. Hálfs genannt wird. Ausserdem aber erübrigt auch noch die Betrachtung derjenigen Persönlichkeiten, welche ausserhalb der Valhöll in unserem Gedichte auftreten, und die Feststellung der Quellen, aus welchen dessen Dichter dieselben entlehnt hat. Da bildet nun gewissermaassen einen Uebergang einmal Geirmundr heljarskinn, welcher zwar hier nur als Bewohner von Valhöll in Betracht kommt, der aber doch zugleich eine geschichtliche Persönlichkeit ist; dass unser Dichter denselben ganz ebensogut aus der Landnáma oder Sturlúnga wie aus der Hálfs konúngs saga sich geholt haben konnte, ist bereits erwähnt worden, und hier nur noch nachzutragen, dass die Axt Rimmugýgr, welche unser Gedicht ihm beilegt, nach der Njála von Skarphöðinn, dem streitbaren Sohne Njáls, geführt wurde.[4]). Zweitens der Zwerg Greland, welcher nach der ríma (14) des Skfði Butterkiste geschmiedet haben soll; ich weiss denselben nur in der Samsonar saga fagra nachzuweisen, da der Grelent oder Greland, welchen die Karlamagnús s. widerholt nennt[5]), ein angesehener Ritter ist und kein Zwerg: ob aber die Grelends

---

1) Es heisst nämlich, bei Björner, Nordiska Kämpadater, S. 39: Enn fra Sigurdi er það at seigia, at hann atti son við kona sinni Herborgu er Ulfor het, hans son var Sigurður, er barþist vit Blot-Haralld, oc sigraði hann, oc feck siþann Sesselia dottur Kongs af Sikiley, oc er laung saga fra honum at seigia.
2) so nach Hálfdan Einarsson, Sciagraphia historiæ litterariæ Islandicæ, S. 67; vgl. dazu Jón Árnason, þjóðsögur, I, S. 196.
3) ang. O., S. 118.
4) Njála, cap. 45, S. 70; cap. 93, S. 144.
5) S. 195, 245, 247, 259; 308, 355, 360, 361, 365, 368; 485.

e., deren Hálfdan Einarsson Erwähnung thut[1]), auf den einen oder anderen von Beiden sich beziehe, weiss ich nicht anzugeben. Drittens endlich der norwegische Zauberer Ölmóðr, mit welchem Skíði auf seiner Traumreise nach Norwegen in Streit geräth, der aber doch als eine entschieden reale Persönlichkeit gefasst wird, da es von ihm ausdrücklich heisst, er habe das eiserne Beschläge von Skíði's Stock, das eben gelegentlich jenes Streites dem Bettler verloren gieng, des anderen Tages noch aufzuzeigen vermocht; woher der Dichter seine Figur genommen habe weiss ich in keiner Weise anzugeben, da an den Ölmóð Hörðakárason der Heimskringla und so mancher anderer geschichtlicher Sagen eben doch nicht gedacht werden kann. Im Uebrigen aber treten neben Skíði, welcher natürlich eine vom Dichter selbst erfundene Persönlichkeit ist, und für welchen dieser aus der Svarfdœla höchstens den, auch sonst öfter vorkommenden, Namen entlehnt haben konnte, nur noch 3 Männer in dem Gedichte auf, und zwar alle 3 ganz entschieden geschichtliche Persönlichkeiten, nämlich þorgils Oddason, Hvammsturla, der jedoch hier stets Sturli oder Stulli genannt wird, endlich þorleifr beiskjaldi, oder richtiger geschrieben beiskaldi. Alle drei Häuptlinge werden in der Sturlúnga, der Landnáma, den Annalen und einer Reihe anderer Quellen oft genug erwähnt; aber nur in der erstgenannten Sage wird weitläufiger von ihnen und ihren Beziehungen zu einander gehandelt, und aus ihr muss demnach unser Dichter doch wohl geschöpft haben. Dabei darf nicht unbemerkt bleiben, dass derselbe die Gleichzeitigkeit der 3 Männer im Ganzen vollkommen richtig aufgefasst hat, wenn es auch nicht an einem kleinen chronologischen Verstosse fehlt, der sich aus einem Irrthume des Gedächtnisses leicht erklärt, oder auch als eine poëtische Licenz leicht entschuldigt. Wir finden nämlich zunächst den þorgils Oddason bereits um das Jahr 1120 als mächtigen Häuptling zu Staðarhóll ansässig, zu der Zeit also, da er seinen bekannten Streit mit Hafliði Mársson durchzufechten hatte[2]). Ebenda sitzt derselbe noch in den Jahren 1135—36, zu welcher Zeit Sigurðr slembidjákn sich bei

---

1) ang. O., S. 102.
2) Sturlúnga s., I, cap. 6, 8. 9; II, cap. 8, S. 53.

ihm aufgehalten haben soll¹). Im Jahre 1151 starb er²); ein Jahr zuvor aber hatte er seinen Hof sammt seiner Häuptlingschaft an seine Söhne übergeben, um selber nach þingeyrar überzusiedeln³), wie es scheint um in dem dortigen Kloster sein Leben zu beschliessen. Sturla þórðarson aber kaufte den Hof zu Hvammr, von welchem er fortan seinen Beinamen erhielt, zu eben der Zeit, da þorgils nach þingeyrar zog, dem Böðvarr Barkarson ab⁴), welcher ihn selber erst von den Söhnen eines Priesters þorkell gekauft hatte⁵); im Jahre 1111 geboren⁶), bewohnte er sodann diesen Hof bis an seinen Tod, der im Jahre 1182 oder 1183 eintrat⁷). þorleifr beiskaldi endlich sass bereits im Jahre 1148 auf dem Hofe im Hítardalr, als Bischof Magnús Einarsson auf demselben mit zahlreichen anderen Leuten verbrannte⁸), und bewohnte denselben andererseits auch noch im Jahre 1198, in welchem er der Translation des heiligen þorláks beiwohnte⁹), und somit doch wohl bis zu seinem Tode, der in das Jahr 1200 fällt¹⁰); oft genug nennt ihn ferner die Sturlúnga unter den Gegnern Hvamm-Sturla's¹¹), sodass es nicht auffallen kann, wenn auch unser Gedicht ihn zu diesem in einen gewissen Gegensatz bringt. Ein Verstoss gegen die streng geschichtliche Chronologie liegt hiernach lediglich darinn, dass unser Dichter den Sturla bereits zu derselben Zeit zu Hvammr wohnen lässt, in welcher þorgils zu Staðarhóll gesessen war, während derselbe doch in Wahrheit jenen Hof erst bezog, als dieser den seinigen abgab; aber die Differenz beträgt nur ein einziges Jahr, und Sturla war stets unter dem Namen Hvamm-Sturla be-

---

1) Heimskringla, Haralds s. gilla, cap. 15, S. 719—20; Inga s. Haraldssonar, cap. 9, S. 218—20; Morkinskinna, S. 204—5.
2) Islenzkir Annálar, h. o.
3) Sturlúnga, II, cap. 12, S. 60.
4) ang. O.
5) Sturlúnga, II, cap. 10, S. 56.
6) Islenzkir Annálar, h. a.; Sturlúnga, III, cap. 4, S. 205.
7) Guðmundar biskups s., cap 10, S. 426—27; Islenzkir Annálar, a. 1182 und 1183.
8) vgl. Sturlúnga, II, cap. 28, S. 67—88, mit Húngurvaka, cap. 15, S. 78—79.
9) þorláks bps s., cap. 27, S. 123; Páls bps s., cap. 7, S. 133.
10) Páls bps s., cap. 20, S. 147; Guðmundar bps s., cap. 35, S. 466; Islenzkir Annálar, h. a.
11) vgl. II, cap. 14, S. 60—67; cap. 24, S. 79; cap. 28, S. 67—89; cap. 29—30, S. 91—93; cap. 34, S. 100.

kannt, er war überdiess schon völlig erwachsen zu der Zeit da þorgils nach þíngeyrar zog, und hatte, ehe er den Hof zu Hvammr kaufte, bereits in dessen nächster Nachbarschaft, nämlich zu Staðarfell bei seinem Vater þórðr Gilsson, gewohnt[1]): wer wollte sich an einer so unbedeutenden Abweichung von der chronologischen Correctheit bei einem Dichter, und zumal bei einem humoristischen Dichter wohl stossen? — Aber neben den Persönlichkeiten, welche in der Skíðaríma erwähnt werden, kommen auch noch Dinge ganz anderer Art in Betracht, wenn es gilt die Quellen zu bestimmen, aus welchen deren Dichter geschöpft hat. Da fällt mir z. B. der Name smjörsvín, d. h. Butterschwein, auf, mit welchem das Butterkistchen Skíði's ständig bezeichnet wird (vgl. zumal 13—14). Wohl mag diese Benennung von dem schmierig-fetten Aussehen hergenommen scheinen, welches ausdrücklich dem Behältnisse beigelegt wird; aber doch kann ich, wenn ich daran denke, dass der kunstreiche Zwerg Greland dasselbe verfertigt haben soll, mich nicht enthalten an den herrlichen Helm zu denken, welchen erst K. Áli von Norwegen, und nach ihm K. Aðils von Schweden besass, und welcher den Namen Hildigöltr oder Hildisvín trug[2]): schwerlich hätte der Dichter dem Kästchen seinen Namen gegeben und dasselbe von Zwergen geschmiedet sein lassen, wenn er nicht damit jenen allerdings wunderlichen Helmnamen hätte verspotten wollen. Widerum erzählt unser Gedicht, wie Skíði im Kampfe mit Fáfnir, der ihm in Wurmsgestalt gegenübertritt, diesem einen Zahn ausschlägt, den er sofort in seinen Ranzen wirft (161—65); bei seinem Erwachen findet sich dieser Zahn wirklich vor, er ist 20 Mark schwer, und wird zu einem Bischofsstabe für die Domkirche zu Hólar verarbeitet, dem schönsten den sie dorten haben (199—200). Schon das alles Mass überschreitende Gewicht, welches dem Zahne beigelegt wird, dann auch dessen humoristische Bezeichnung als „skákmanns efni", d. h. passendes Material zur Anfertigung einer Schachfigur, zeigt deutlich, dass es auch hier wider auf eine Satire abgesehen ist; unwillkürlich erinnert man sich aber dabei an eine Erzählung die sich in der Nornagests saga

---

1) Undir Felli á Syðriströnd, heisst es in der Sturlúnga, II, cap. 9, S. 56, und cap. 11, S. 58.
2) Skáldskaparm., cap. 44, S. 394.

der Flateyjarbók findet[1]). Sigurðr Fofnisbani, erzählt hier Nornagestr, habe einmal mit dem Griffe seines Schwerdtes Gram dem Starkaðr zwei Backenzähne ausgeschlagen, deren einen er selber aufgehoben habe; der habe 6—7 Unzen gewogen, und sei dann hinterher in Dänemark an ein Glockenseil gehängt, und als Merkwürdigkeit gezeigt worden. Es kann füglich dahingestellt bleiben, ob der Zahn Starkað's, welchen Heinrich von Meldorp um die Mitte des 13. Jahrhunderts besessen haben soll, und dessen Länge auf 1½, dessen Umfang auf 12 Daumen angegeben wird[2]), mit jenem von Nornagest erwähnten identisch gewesen sein möge oder nicht; dafür muss aber noch daran erinnert werden, dass nach den isländischen Annalen ein Bruder Árni Ólafsson im Jahre 1405 irgendwo in Afrika ebenfalls einen Zahn desselben Starkaðr gamli gesehen haben wollte, der abgesehen von dem Theile, der im Fleische gesteckt hatte, einer Handbreite lang und breit gewesen sein sollte. Man sieht also, dass um die Grenzscheide des 14. und 15. Jahrhunderts auf Island mehrfach von einem Zahnungeheuer die Rede war, das von einem der Helden der Vorzeit herrührend, zu dem Zahne Fáfnir's in unserem Gedichte Veranlassung gegeben haben konnte. Aber noch mehr. Wenn unser Gedicht den Reginn zu dem Beschläge, das er für Skíði's Stock schmieden soll, einen halben fjórðúngr (= 10 Mark) Eisen nemen (103), und dieses Beschläge selbst hinterher voll 8 Mark wiegen lässt (192), so fehlt es auch hiefür nicht an Parallelen; Nornagestr z. B. zeigt an K. Ólaf Tryggvason's Hof einen Büschel Haare aus dem Schwanze des Grani, des bekannten Pferdes Sigurð's des Fáfnistödters, und der war 7 volle Ellen lang[3]), und Bruder Árni sah neben jenem Zahne in Afrika auch noch den Schwerdtgriff desselben Sigurð's, der volle 10 Schuhe in der Länge, und dessen kupferner Knopf allein schon eine ganze Spanne gemessen haben soll. Es begreift sich, dass solche Berichte einen Dichter, der sich ohnehin die Verspottung der überschwänglichen Fabelsagen über die Vorzeit zur Aufgabe gewählt hatte, zu einem be-

---

1) Flbk, I, cap. 287, S. 354; bei Bugge, cap. 6, S. 66—67.
2) Arrild Hvitfeldt, Danmarkis Rigis Krønicke, I, S. 14, und S. 232, (der Folio-ausgabe).
3) Flbk, I, cap. 288, S. 354; bei Bugge, cap. 7, S. 67.

sonderen Ausfalle wohl reizen konnten. Die Butter freilich, die er seinen
Skíði aus Valhöll mitbringen lässt, ist lediglich seine eigene Erfindung;
aber wenn er erzählt (198), wie man versuchsweise von dieser Hunden
vorgeworfen habe, und wie diese an den Folgen ihres Genusses gestorben
seien, so ist diess ein Zug, den er bereits aus älteren Sagen entlehnen
konnte[1]), und in gleicher Weise findet auch der andere Zug, dass Skíði's
doppeltes Paar zerrissener Schuhe als Wahrzeichen dafür dienen muss,
wie weit er in der Nacht gewandert sei (193), in mehreren älteren Sagen,
und darunter auch wider in der Nornagests s., sein Vorbild[2]).

Fasse ich nun das Bisherige zusammen, so lässt sich meines Erachtens
daraus eine Reihe nicht uninteressanter Ergebnisse gewinnen. Die von
dem Dichter der Skíðaríma benützten Fabelsagen sind fast durchgängig
nationale, der Form nicht nur sondern auch dem Inhalte nach. Nur
die Bragða-Mágus s. und die Samsonar s. fagra, sowie die von Blót-
harald und Andri jarl handelnden Sagen scheinen ihrem Stoffe nach
entschieden als ausländische Producte bezeichnet werden zu müssen, und
wie wenig sind selbst diese für fremdländische Persönlichkeiten oder
Sagenzüge in Anspruch genommen. Neben den ungeschichtlichen kennt
ferner unser Dichter auch die geschichtlichen Quellen seiner einheimischen
Vorzeit, und zwar einzelne Íslendingasögur sowohl als einzelne Noregs
konúnga sögur; diese wie jene verwendet er mit gleichem Geschicke,
und wenn er von beiden vergleichsweise nur in geringem Umfange Gebrauch macht, so liegt diess augenscheinlich in der Beschaffenheit des
von ihm gewählten Thema's, nicht in dem beschränkten Masse seiner
Kenntniss jener Geschichtswerke begründet. Er greift endlich mit allen
Waffen des Witzes und Humores die verkehrte Richtung auf das Ueber-
spannte und Abentheuerliche an, welche die spätere isländische Litteratur
im Gegensatze zur klassischen Periode der Sagenschreibung eingeschlagen
hatte, und sucht, indem er sich sozusagen den Herodes zu überherodesen
bestrebt, für die Rückkehr zu einem einfacheren und gesünderen Ge-
schmacke seine Lanze einzulegen. Zumal in dieser letzteren Beziehung

---

1) vgl. z. B. die oben schon angeführte Stelle Odds, cap. 32, S. 34 der Stockholmer Ausgabe,
u. dgl. m.
2) Flbk. I, cap. 289, S. 357; vgl. auch Ragnars s. loðbrókar. cap. 13, S. 276—77 (FAS., I).

scheint unser Gedicht auf den ersten Blick einen ganz entschieden modernen Charakter zu tragen, und möchte man sich frischweg versucht fühlen, in demselben ein Erzeugniss einer Zeit zu erkennen, welche dem Widererwachen der Bekanntschaft mit der altisländischen Litteratur, wie solches im 17. Jahrhunderte sich geltend zu machen begann, erst auf dem Fusse folgte. Mit einer derartigen Annahme würde man indessen schwer fehlgehen, und eine soweit möglich eingehende Untersuchung der Entstehungszeit unseres Gedichtes führt uns unzweifelhaft auf ein ungleich höheres Alter desselben. Bereits in der ersten Hälfte des 17. Jahrhunderts wird dasselbe nämlich angeführt, und zwar ziemlich gleichzeitig von dem gelehrten isländischen Bauern Björn Jónsson zu Skarðsá (geb. 1574; † 1655), und von Jón Guðmundsson (geb. 1574, † um 1650), einem anderen, unter der Bezeichnung Jón málari oder Jón lærði vielfach besprochenen Isländer. Die einschlägige Stelle der, jedenfalls noch vor der Mitte des 17. Jahrhunderts geschriebenen, grönländischen Annalen Björn's von Skarðsá wird später noch vollständig mitzutheilen sein, und mag darum hier die Bemerkung genügen, dass sie die beiden letzten Verszeilen der Skíðaríma bereits ganz ebenso anführt, wie dieselben in unserem Gedichte zu lesen sind; Jón lærði aber erwähnt in einem im Jahre 1644 geschriebenen Werkchen, welches den Titel „Tidfordrif" trägt und von welchem seine eigenhändige Hs. noch in AM. 727, 4⁰ erhalten ist[1]), einer ríma, welche von einem Bettler Namens Skíði erzähle, der zur Zeit des Hvamm-Sturla und þorleifr beiskaldi nach Valhöll geführt worden sei, und von dort allerlei Wahrzeichen zurückgebracht habe, während er doch in Wirklichkeit im Hlítardalr übernachtet, und statt seiner vermeintlichen Kämpfe in Valhöll fünf arme Leute todtgeschlagen habe. Um ein halbes Jahrhundert später fand es der Verfasser der beliebtesten Hauspostille Islands, Jón þorkelsson Vídalín, welcher in den Jahren 1698—1720 das Bisthum Skálholt inne hatte, der Mühe werth, die Skíðaríma in lateinische Hexameter zu übersetzen, wie er sich denn überhaupt gerne mit der Verfertigung lateinischer Verse beschäftigte[2]); er kam indessen nur bis zu den Worten der 113. Strophe:

---
1) Vgl. Guðbrand Vigfússon's Vorrede zu Jón Árnason's þjóðsögur, I, S. XIV.
2) Vgl. Finn Jónsson, historia ecclesiastica Islandiæ. III, S. 694, Anm., sowie Ný félagsrit, VII (1847), S. XIII, und S. XV—XVI

„Högni ræðr hverr hana á,
því bún er hans einka dóttir",

worauf dann nach des Bischofes Tod ein isländischer Student in Kopenhagen, Jón Árnason († 1740), die zweite Hälfte des Gedichtes vollends übersetzte[1]). Um jene Zeit muss das Gedicht überhaupt in Kopenhagen nicht unbekannt gewesen sein, da nicht nur þormóðr Torfason desselben, in seiner „Series Dynastarum et Regum Daniæ" (1702) unter den ihm bekannten isländischen Litteraturdenkmälern Erwähnung thut[2]), sondern auch der Däne Christian Friderik Wadskjaer in seinem „Poetisk Skueplads paa Christiansborg Slotsplads" (1741) seiner gedenkt; um so auffälliger ist, dass Suhm nur wenig später (1775) erklären musste, dass es ihm nicht habe gelingen wollen dasselbe aufzutreiben[3]). Eggert Ólafsson, der bekannte isländische Gelehrte und Dichter († 1768) hatte inzwischen in seiner, nach seinem Tode von Jón Eiríksson und Gerhard Schöning herausgegebenen Reisebeschreibung (1772) unter Bezugname auf Wadskjær einige Mittheilungen über den Inhalt der Skíða-ríma gemacht[4]), bei welchen freilich auffällt, dass nach ihnen Skiði die Freyja, nicht die Hildr heirathen, und von der Frigg, nicht von der Freyja, seinen Buttervorrath erhalten soll; indessen mag es sich dabei ja wohl um einen blosen Gedächtnissfehler handeln, der um so entschuldbarer ist, da Eggert das Lied überhaupt nur gelegentlich der Bereitung saucrer Butter, und als Beleg für deren Alter citirt. Der gelehrte Rector der Domschule zu Hólar, Hálfdan Einarsson, kennt das Gedicht ebenfalls, und zwar nicht nur dessen Original, sondern auch dessen vorhin erwähnte lateinische Uebersetzung (1777[5]), und um ein halbes Jahrhundert später finden wir dasselbe auch wider in Kopenhagen gekannt und benützt, und zwar von dem dänischen Bischofe Peter Erasmus

---

1) Vgl. Hálfdan Einarsson, Sciagraphia, S. 47; Finn Jónsson, ang. O., II, S. 395, Anm. s;
Finn Magnússon, Catalog. Bodley., S. 8.
2) Ich benütze die zweite (Titel-) Ausgabe, welche unter dem Titel: Universi septentrionis Antiqvitates, seriem Dynastarum et Regum Daniæ — — exhibentes, im Jahre 1705 erschienen ist; vgl. deren S. 9.
3) Critisk Historie af Danmark, II, S. 678.
4) Eggert Olafsens og Biarne Povelsens Reise igiennem Island, S. 27—29.
5) Sciagraphia, S. 47.

Müller sowohl (1818[1]) als von dem isländischen Antiquare Finnr Magnússon[2]), von welchem letzteren denn auch eine in der Bodleyana aufbewahrte Hs. der Skíðaríma herstammt[3]). So reichen demnach unsere Nachweise über die Existenz des Gedichtes jedenfalls bis zum Jahre 1644 hinauf, und da bereits die ersten dasselbe erwähnenden Berichte über dessen Inhalt sich concludent aussprechen oder Verse desselben citiren, und überdiess Bischof Jón Vídalín's Uebersetzung zwischen ihnen und der Gegenwart ein willkommenes Mittelglied bildet, kann auch die Identität des uns vorliegenden Gedichtes mit dem damals vorhandenen keinem Zweifel unterliegen. Aber selbstverständlich ist damit nur eine Endgrenze für die mögliche Entstehungszeit desselben gewonnen, in keiner Weise dagegen diese selber bestimmt. Genauere Angaben über die Entstehungszeit nicht nur, sondern auch über den Verfasser des Gedichtes werden uns nun freilich mehrfältig gemacht; aber leider wollen dieselben mit einander ganz und gar nicht übereinstimmen.

Unser ältester Gewährsmann, Björn von Skarðsá, spricht sich in seinen „Grænlands Annálar[4])", und zwar in einem Stücke derselben, welches sich als einen Auszug „úr reisubók Bjarnar bónda Einarssonar, er bæði var kendr Vatnsfjarðar-Björn ok stundum Jórsalafari", bezeichnet, über beide Punkte folgendermassen aus[5]): „Með honum var í för Einar fóstri, skáld hans ok skemtunarmaðr, er skemta skyldi hvörn sunnudag, þriðjudag ok fimtudag, nær þeim þóttu skemtunartímar vera. Fróðir menn segja, at sá Einar fóstri hafi kveðit Skíðarímu til skemtunar einn tíma, sem honum bar at skemta, þar er ok svo at orði komizt í endíngu kveðlíngsins:
Hér skal suðra sjáfarrok
sunnudagsins bíða.

---

1) Sagabibliothek, II, S. 897—99, 453, 579, 588, 628.
2) Vgl. dessen Priscæ veterum borealium mythologiæ lexicon (1828), S. 523 der Separatausgabe, oder S. 796 der Ausgabe im dritten Bande der Sæmundar-Edda; ferner Grönlands historiske Mindesmærker, I (1838) S. 116—8, und II, S. 439, Anm. Auch bei diesem Verfasser kehrt übrigens, ang. O., I, S. 117 die Verwechslung der Hildr mit Freyja wider.
3) Vgl. seinen Catalogus criticus et historico-literarius Codicum CLIII manuscriptorum borealium, præcipue Islandicæ originis, qui nunc in bibliotheca Bodleiana adservantur (1682), S. 8.
4) Vgl. über dieses Werk Finn Magnússon, in: Grönlands hist. Mindesm., I, S. 63—85.
5) ang. O., S. 112. Ebenda, S. 118, wird unter Berufung auf dasselbe Reisewerk Einarr fóstri nochmals als Björns Begleiter und als ein guter Dichter genannt, ohne dass doch dabei unserer ríma nochmals specielle Erwähnung gethan würde.

Hann kvað ok Skaufhalabálk ok barngælur, svo sem hann nefnir í
ending bálksins: Hefir bálk þenna
ok barngælur
ort ófimligr
Einar fóstri".

Als den Dichter der Skíðaríma bezeichnet uns somit Björn einen Mann
Namens Einarr fóstri, von welchem er versichert, dass derselbe auch
noch zwei andere Gedichte verfertigt habe, ein Kinder- oder Wiegenlied
(barngælur[1]) und ein Fuchslied; skaufhali, d. h. Zottelschwanz, ist nämlich einer der zahlreichen verblümten Namen, die man auf Island dem
Fuchse beizulegen pflegt, weil es für gefährlich gilt, denselben nach
Sonnenuntergang bei seinem rechten Namen-(refr, tóa) zu nennen.[2]) Er
giebt aber ausserdem auch noch an, dass dieser Einar den Björn Einarsson auf seiner Fahrt nach Grönland begleitet, und dabei die Verpflich-
tung gehabt habe, an jedem Dienstage, Donnerstage und Sonntag die
ganze Schiffsgesellschaft zu unterhalten, falls diese anders solches wünschen
würde. Endlich berichtet er auch noch speciell, dass derselbe an einem
dieser Unterhaltungstage unterwegs einmal unsere Skíðaríma zum Besten
gegeben habe, und hierauf soll es sich denn auch beziehen, dass deren
Schlussverse auf eine Fortsetzung der poëtischen Unterhaltung am nächsten
Sonntage verweisen. Nun wissen wir, dass Björn Einarsson († 1415),
ein Sohn der berühmten Grundar-Helga, und der Vater der kaum weniger
berühmten Vatnsfjarðar-Kristín, im Jahre 1385 auf einer seiner ebenso
zahlreichen als weitausgedehnten Reisen nach Grönland verschlagen wurde,
dass er nach zweijährigem Aufenthalte daselbst im Jahre 1387 nach
Island zurückkehrte, und dass er im nächstfolgenden Jahre nach Norwegen hinübergieng; wir dürfen sogar vermuthen, dass er zu jenen Is-
ländern gehört habe, welche laut einer Urkunde vom 17. Mai 1389
daselbst wegen unbefugten Handels auf Grönland in Untersuchung gezogen
wurden[3]). Sind demnach die Angaben Björns von Skarðsá richtig, so

---

1) vgl. Örvar-Odds s., cap. 18. S. 234 (FAS. II).
2) vgl. meine Isländische Volkssagen der Gegenwart, S. 169
3) Íslenskir Annálar, s. 1385—89; die Urkunde findet man abgedruckt in Grönl. hist.
Mindesm., III, S. 189—41.

muss die Entstehung unseres Gedichtes bereits in die Jahre 1385—87 fallen; aber gerade diese Richtigkeit seiner Angaben will mir denn doch nur sehr wenig verbürgt scheinen. Die Reisebeschreibung des Jórsalabjörn, aus welcher er uns einen Auszug giebt, war zwar zur Zeit des Arngrimr lærði noch vorhanden, wie dieser selber ausdrücklich versichert (1643[1]); aber am Ende des vorigen Jahrhunderts (1774) hatte sie Bischof Finnr Jónsson bereits als verloren zu bezeichnen[2]), und auch seitdem hat sich keine Spur derselben mehr aufgefunden. Wieweit die auf Einar fóstri bezüglichen Notizen wirklich aus jenem Itinerare geschöpft, oder wieweit sie etwa eigene Zuthat des Verfassers der grönländischen Annalen seien, lässt sich demnach jetzt nicht mehr feststellen, und da Björn Jónsson die Frau des Jórsalabjörn in seinem Excerpte Ólöf nennt, während doch mit aller Bestimmtheit bekannt ist, dass sie Solveig hiess, da er ferner den Mann auf der Heimreise von seiner Pilgerfahrt nach Grönland verschlagen werden lässt, während wir doch wissen, dass ihn dieses Missgeschick bereits auf seiner Ausfahrt traff[3]), darf jedenfalls als erwiesen gelten, dass er seine Vorlage in höchst sorgloser Weise widergegeben hat. Dass auch in Bezug auf den Dichter der Skíðaríma ein änliches Versehen mit untergelaufen wäre, ist demnach von Vornherein als recht wohl möglich anzusehen; ein Versehen braucht man aber nicht einmal anzunemen um den hieher bezüglichen Angaben ihre Beweiskraft zu bestreiten, da ja die Worte des Verfassers, genau abgewogen, überhaupt nur sagen, dass in dem Itinerare Einars als eines Reisebegleiters Jórsalabjörn's gedacht worden sei, welcher sich verpflichtet habe 3mal wöchentlich durch seine Verse oder Erzählungen für die Unterhaltung der Leute zu sorgen, wogegen er bezüglich der Skíðaríma sich ausdrücklich nur auf die Angaben „kundiger Leute", also nicht auf das Itinerar beruft, und bezüglich des Wiegenliedes und des Fuchsliedes gar keine Gewähr für seine Angaben in Bezug nimmt. Es ist demnach

---

1) Specimen Islandiæ historicum, et magna ex parte chorographicum, S. 154.
2) Hist. eccles. Island., II, S. 397.
3) Vgl. Grönl. hist. Mindesm., I, S. 110, Anm. 3, und dazu S. 114, Anm. 4; ferner III, S. 436, und dazu S. 439, Anm. 5. Björn von Skarðsá selber nennt anderwärts Jórsalabjörns Frau bei ihrem richtigen Namen Solveig; so nicht nur in seinen Annálar, I, S. 240, sondern auch in jenem Auszuge aus des Ersteren Itinerar selbst, Grönl. hist. Mindesm., III, S. 458

recht wohl möglich, dass nach beiden Seiten lediglich eine spätere Combination den Angaben Björns von Skarðsá zu Grunde liegt. Bezüglich des Skaufhalabálkr, welchen derselbe indessen mit Unrecht von den barngælur zu unterscheiden scheint, mit denen er doch zusammengefallen sein dürfte, mag er selbst Einars Verfasserschaft aus der am Schlusse vorfindlichen Nennung seines Namens geschlossen haben, und wirklich soll der Anfang dioses Gedichtes, der in AM. 603. 4° noch erhalten ist, nach Finn Magnússon's Angabe[1]) dessen Entstehung zur Zeit des Jórsalabjörn beweisen; bezüglich der Skíðaríma dagegen mochten die „kundigen Männer", auf die er sich beruft, allenfalls die Schlussworte des Gedichtes, welche die Fortsetzung der Unterhaltung für den nächsten Sonntag in Aussicht stellen, mit der Nachricht des Itinerars, dass Einarr fóstri jeden Dienstag, Donnerstag und Sonntag die Gesellschaft zu unterhalten gehabt habe, combinirt und lediglich aus dieser Combination auf dessen Verfasserschaft einen Schluss gezogen haben. Als geschichtlich sicher kann meines Erachtens diese Verfasserschaft, und insoweit auch die Entstehung des Gedichtes am Schlusse des 14. Jahrhunderts, nicht gelten.

Mit dieser ersten Ueberlieferung berührt sich auf das Genaueste eine zweite, welche einen gewissen Sigurðr fóstri þórðarson zum Dichter der Skíðaríma und zugleich zum Leibpoëten des Jórsalabjörn macht. Diese Tradition wird vertreten durch Bischof Finn Jónsson (1774[2]), Rector Hálfdan Einarsson (1777[3]), sowie durch den verdienten Sysselmann Jón Espólín (1821[4]); dieselbe muss indessen noch älter sein, da sich bereits bei Wadskjaer (1741) und Eggert Ólafsson die Angabe findet, dass die Skíðaríma von einem isländischen Hofdichter des norwegischen Königs Sigurðr Jórsalafari († 1130) verfasst worden sei[5]), — eine Angabe, die allerdings, wie diess Hálfdan Einarsson sowohl als Finn Magnússon bereits längst bemerkt haben, vollkommen unbegründet ist, die sich aber doch wohl nur unter der Voraussetzung erklären lässt,

---

1) ang. O., I, S. 117.
2) Hist. eccles. Island., II, S. 395.
3) Sciagraphia, S. 47.
4) Íslands Árbækr, I, cap. 80, (I, S. 112).
5) Reise igiennem Island, S. 27; Wadskjær's Werk liegt mir nicht selber vor, aber Finn Magnússon giebt ihm ausdrücklich den Irrthum sobald, Grönl. hist. Mindesm., I, S. 117.

dass eine ihr zu Grunde liegende ältere Ueberlieferung den Dichter selbst Sigurð, und seinen Herrn Jórsalafari genannt hatte. Woher aber diese Ueberlieferung den Namen des Sigurðr fóstri hatte, welcher sie allein von der vorigen unterscheidet, dann worauf sich ihre Angaben über dieses Mannes Beziehungen zu Jórsalabjörn und andererseits zur Skíðaríma gründen, weiss ich in keiner Weise anzugeben. Da Jón Espólín von seinem Sigurð fóstri fast wörtlich Dasselbe erzählt, was Björn von Skarðsá von seinem Einar fóstri, möchte man allenfalls vermuthen, es möge in irgend einer Hs. der grönländischen Annalen dieses letzteren dieser Name statt jenes anderen eingesetzt worden sein; aber Dem widerspricht, dass nur Einars Name zu den angeführten Versen des Skaufhalabálks passt, den freilich auch Espólín von Sigurð gedichtet sein lässt. Espólín, der anderwärts den Oddr leppr als einen Bruder oder doch Halbbruder des Sigurð fóstri nennt[1]), und ausdrücklich erwähnt, dass derselbe eine ansehnliche Nachkommenschaft hinterlassen habe, muss augenscheinlich mehr von dem Manne gewusst haben; aber Alles in Allem genommen scheint mir nicht unmöglich, dass bei ihm sowohl als bei seinen Vorgängern lediglich der bekanntere von den beiden, mit dem gleichen Beinamen gekennzeichneten Dichtern für den unbekannteren in die Stelle Björns von Skarðsá hineincorrigirt worden sei. Insoweit mag also Finn Magnússon Recht haben, wenn er Hálfdan Einarssons und Jón Espólíns Angaben über den Namen des Dichters als irrig verwirft, und an der Ueberlieferung Björns von Skarðsá festhält[2]); aber wenn er selber den Einar fóstri bald als þorláksson bezeichnet[3]), bald als þórðarson[4]), und die Dichtung der Skíðaríma bald dem Jahre 1360 zuweist[5]), bald aber den Jahren 1385—87, denen die Grönlandsfahrt Jórsalabjörns angehört, so bleibt er sich selber nicht consequent, und

---

1) Jones am ang. O., I, cap. 51, S. 69; cap. 73, S. 96; cap. 84, S. 112; II, cap. 2, S. 54; Dieses Bd VII, S. 118. Ueber Odd, der in den Jahren 1406—20 Lögmann war, handelt Jón Sigurðsson, im Safn til sögu Íslands, II, S. 79—80, jedoch ohne dabei des Sigurð fóstri zu erwähnen.
2) Grönl. hist. Mindesm., I, S. 116—18; II, b. 499. Anm.
3) ang. O., I, S. 116.
4) Catal. Bodley., S. 8.
5) ang. O.

die obigen Einwände gegen Björns von Skarðsá Glaubwürdigkeit bleiben durch seine Erörterung ohnehin ganz und gar unwiderlegt. Theodor Möbius, welcher in der Vorrede zu seiner „Edda Sæmundar hins fróða", (1860), S. X, gelegentlich auf die Skíðaríma zu sprechen kommt, und dieselbe um 1360 von Einarr þorláksson fóstri gedichtet sein lässt, hat insoweit doch wohl nur Finn Magnússon's Angaben im Auge gehabt, ohne sich zu deren Prüfung veranlasst zu sehen.

Neben diesen beiden, unter sich so verwandten Ueberlieferungen stand nun aber noch eine dritte, von ihnen weit abliegende, deren Kenntniss ich einer freundlichen Mittheilung Guðbrandr Vigfússon's verdanke. Erlendr Ólafsson nämlich, ein Bruder des bekannten Jón Ólafsson von Grunnavík, und selbst längere Zeit Sysselmann in der Ísafjarðarsýsla († 1772), soll nicht nur die älteste der noch vorhandenen Hss. des Gedichtes geschrieben, sondern zugleich auch über dessen Entstehung sich ausgesprochen haben; seine Angaben aber sollen ganz anders lauten als die obigen. Auch er erklärt zwar den Einar für den Dichter der Skíðaríma; aber er macht denselben nicht zum Begleiter Jórsalabjörns, sondern zum Leibdichter der Ólöf hin ríka, Loptsdóttir. Diese war mit dem Ritter Björn þorleifsson verheirathet, dessen Mutter Jórsalabjörns Tochter, die oben schon gelegentlich erwähnte Vatnsfjarðar-Kristín, gewesen war, und sie soll, als englische Seeleute im Jahre 1467 diesen ihren Mann erschlagen hatten, blutige Rache um ihn geübt, ja sogar eine Reise nach Dänemark eigens in der Absicht unternommen haben, um K. Christian I. zum Kriege gegen die Engländer zu bestimmen[1]); auf der Heimfahrt nun von Dänemark sei ihr Schiff in unbekannte Gegenden verschlagen worden, und bei dieser Gelegenheit habe Einarr zur Aufheiterung der ganzen Gesellschaft unsere Skíðaríma vorgetragen. Nun beachte man, dass von Björn þorleifsson und seiner Ólöf erzählt wird, wie sie einmal nach Grönland verschlagen, und dort von ein paar Unholden, denen sie sich freundlich erwiesen, aus grosser Noth errettet wurden[2]), während eine ganz ähnliche Geschichte auch von Jórsalabjörn

---

1) vgl. Jón Espólín. ang. O., II, cap. 54, S. 89; ferner Finn Magnússon, in der Nordisk Tidsskrift for Oldkyndighed, II, S. 124—26.
2) Jón Egilsson, Biskupa-Annálar, S. 58 (im Safn til sögu Íslands, I); vgl. Grönl. hist. Mindesm., III, S. 468—70.

und seiner Frau berichtet wird[1]), und zwar berichtet durch denselben Björn von Skarðsá in demselben Auszuge aus des Ersteren Reisebericht, aus welchem auch die oben besprochenen Angaben entlehnt sind; man erinnere sich ferner, dass Björn von Skarðsá gerade in diesem Auszuge die Frau Jórsalabjörn's Ólöf nennt, während sie doch Solveig hiess, was doch wohl nur aus einer Verwechselung mit jener Ólöf zu erklären ist, die des Björn þorleifsson Frau war. Liegt da nicht die Vermuthung nahe, dass Björn von Skarðsá sich erlaubt haben möge in seinen Auszug aus Jórsalabjörns Itinerar Erzählungen einzumischen, die er aus ganz anderer Quelle bezogen hatte, und dass er hinsichtlich dieser anderweitigen Nachrichten nicht gehörig geschieden habe zwischen den Ueberlieferungen, welche sich auf Björn Einarsson und dessen Frau Solveig, und den anderen, welche sich auf Björn þorleifsson und dessen Frau Ólöf bezogen? Die Namensgleichheit, welche zwischen beiden Männern bestand, die Geringfügigkeit des Zeitabstandes, welche beide von einander trennte, die hervorragende Rolle endlich, welche beide in den Traditionen des Landes spielten, mochte eine solche Verwechslung in der Volksüberlieferung leicht möglich machen, und Björn von Skarðsá, der bekanntlich ganz und gar kein kritischer Kopf, vielmehr stets geneigt war aus den ihm zugänglichen Notizen ohne viel deren Verlässigkeit zu prüfen seine Combinationen zu bilden, und die gebildeten dann als glaubhaft überlieferte, feststehende Thatsachen weiter zu verbreiten, war sicherlich nicht der Mann dazu, einen solchen Irrthum aufzudecken und zu beseitigen. Ganz im Sinne der Volkssage ist zumal, dass von den beiden älteren Ehegatten der Mann, der in allen Berichten stets die Hauptrolle spielt, beibehalten wurde, von den beiden jüngeren dagegen die Frau, an welche sich überhaupt weit mehr volksmässige Ueberlieferungen geknüpft zu haben scheinen als an Herrn Björn þorleifsson selbst[2]). — Aber sollen wir nun, weil Björns von Skarðsá Angaben uns nicht unverdächtig erscheinen, sofort Erlends Nachrichten als geschichtlich begründete anerkennen, wie diess P. E. Müller gethan zu

---

1) Grönl. hist. Mindesm., III, S. 438.
2) vgl. über solche Jón Espólín, ang. O., II, cap. 49, S. 62, und cap. 64, S. 69—70; Jón Árnason, þjóðsögur, II, S. 52 und 112.

haben scheint, da er, freilich ohne Erlends Namen zu nennen, widerholt die Entstehung der Skíðaríma dem 15. Jahrhunderte zuweist[1])? Ich wage nicht, die Frage zu bejahen. Wir wissen, wie wenig weit das Gedächtniss der Isländer bezüglich ihrer Landesgeschichte im 16. und 17. Jahrhunderte zurückreichte. Die Erinnerung an die glänzenden Zeiten des alten Freistaates, ja selbst an die ersten Zeiten der norwegischen Herrschaft war im Volke spurlos erloschen, soweit nicht etwa ein paar geistliche Reminiscenzen, oder ganz vereinzelte, meist an bestimmte Localitäten geknüpfte oder mit dem Hexenglauben der Zeit zusammenhängende Traditionen ein schwaches Andenken an dieselben erhalten hatten; die hervorragenderen Persönlichkeiten des 15., und höchstens noch der zweiten Hälfte des 14. Jahrhunderts sind es, welche dazumal die äussersten Marksteine der geschichtlichen Ueberlieferung bildeten, und selbst sie begannen bereits in einem halbwegs mythischen Dämmerlichte zu verschwimmen. Grundar-Helga (um 1362), ihr Sohn Jórsala-Björn († 1415) und dessen Tochter Vatnsfjarðar-Kristín († 1458?), dann Loptr hinn ríki († 1436), seine Tochter Ólöf hin ríka († 1484), und deren Mann Björn Þorleifsson († 1467), endlich etwa noch Torfi í Klofa († um 1500) und Daði í Snókadal († 1563), das sind. neben einer langen Reihe von Zauberkünstlern geistlichen und weltlichen Standes, die Personen, von welchen man dazumal zu erzählen wusste, und sie alle bilden, jede für sich, den Mittelpunkt eines eigenen, mehr oder minder reich entfalteten Sagenkreises. Selbst die Biskupa-Annálar, welche Jón Egilsson in den ersten Jahren des 17. Jahrhunderts schrieb[2]), zeigen bis auf Bischof Stefán Jónsson herab (1491—1518), dessen der Grossvater des Geschichtschreibers, sèra Einarr Ólafsson (geb. 1497; † 1580), sich noch persönlich zu erinnern wusste, fast Nichts als ein paar dürftige, sagenhafte Anekdoten, und wie abhängig der Verfasser von den mündlichen Traditionen seiner nächsten Umgebung war, erhellt daraus, dass selbst der berühmte Grundarbardagi (1362) von ihm in völlig verzerrter Weise berichtet wird[3]), weil ihm, dem Südländer, die specifisch nordisländischen

---

1) Sagabibl., II, S. 397, 586, 628.
2) herausgegeben von Jón Sigurðsson, im Safn til sögu Íslands, I, S. 15—136.
3) ang. O., S. 39.

Annalen und Volksüberlieferungen nur in sehr verfälschter Gestalt zugegangen waren. Wie bunt aber vollends die sich völlig überlassene Volkssage die verschiedenen Bilder durcheinanderwirbeln liess, und wie wenig sie bei deren Verwendung die Verschiedenheiten des Orts und der Zeit beachtete, das mag schon die einzige Thatsache zeigen, dass man unbedenklich den sèra Hálfdan á Felli, der zu Ende des 16. Jahrhunderts im Skagafjörðr lebte, mit Sæmundr fróði von Oddi († 1133) gemeinsam die schwarze Schule besuchen liess[1])! Solchen Zuständen gegenüber ist natürlich die Wahrscheinlichkeit von Vornherein nicht gross, dass man im 17. oder 18. Jahrhundorte den Verfasser eines Gedichtes wie die Skíðaríma noch gekannt haben werde, wenn dieser wirklich der Mitte des 15. oder gar dem Ende des 14. Jahrhunderts angehört hatte; um so begreiflicher dagegen muss uns werden, dass Sagen unbestimmtester Herkunft dessen Entstehung mit dem einen oder anderen gefeierten Vorgange in Verbindung bringen mochten, oder dass auch wohl Antiquare vom Schlage des Björn von Skarðsá aus einzelnen Anhaltspunkten, wie sie sich ihnen gerade darbieten wollten, ihre Schlüsse in solcher Richtung gezogen, und dann mit der von ihnen so vielfach bewiesenen Uebereilung das auf lose Vermuthungen hin Erschlossene als verbriefte Wahrheit weiter getragen haben können. So ist denn in der That die traditionelle, von Eggert Ólafsson[2]), Jón Espólín[3]) und Finn Magnússon[4]) gleichmässig erwähnte Angabe, dass die Skíðaríma die älteste unter allen isländischen rímur sei, wenigstens ihrerseits eine erweislich falsche. Wir haben eine Ólafsríma von Einarr Gilsson, welche jedenfalls vor dem Jahre 1387 gedichtet sein muss, da sie am Anfange der Flateyjarbók steht, welcher eben in jenem Jahre geschrieben wurde[5]), aller Wahrscheinlichkeit nach aber bereits um ein Beträchtliches früher entstanden ist, da deren Dichter bereits im Jahre 1340 in gerichtlichen

---

1) vgl. Jón Árnason, Þjóðsögur, I, S. 515, sowie Guðbrand Vigfússon's Vorrede zu diesem Werke, S. VI—VII.
2) Reise igiennem Island, S. 27.
3) Árbækr, I, cap. 86, S. 112.
4) Grönlands hist. Mindesm., I, S. 117.
5) Flbk. I. S. 8—11; wegen des Datums vgl. S. 28.

Functionen thätig, also nicht mehr ganz jung war, und in den Jahren 1367—68 das Amt eines Lögmannes bekleidete[1]); sie wenigstens muss somit unter allen Umständen älter sein als unser Gedicht, selbst wenn wir dieses mit Björn von Skarðsá bereits am Schlusse des 14. Jahrhunderts entstanden sein lassen wollten. Wenn ich hiernach weder auf Björn Jónsson's noch auf Erlend Ólafsson's Angaben bestimmt zu fussen mich getraue, so muss ich aber doch andererseits unbedingt anerkennen, dass weder gegen die einen noch gegen die anderen entscheidende Gegengründe von mir vorgebracht werden können, die Möglichkeit also der Richtigkeit der einen wie der anderen von mir zugestanden werden muss. Die handschriftliche Gewähr für die Skíðaríma reicht zwar nicht weit hinauf; wir haben von derselben nicht nur keine einzige Membrane, sondern auch keine Papierhs., welche weiter hinaufreichen würde als bis in den Anfang des 18. Jahrhunderts. Aber darauf ist nicht viel Gewicht zu legen, da ja die Zeugnisse für die Existenz des Gedichtes wenigstens um ein Jahrhundert weiter zurückreichen, und andererseits die sämmtlichen älteren handschriftlichen Sammlungen von Rímur, welche uns aufbewahrt sind, und von denen die meisten dem Anfange oder der Mitte des 16. Jahrhunderts, die ältesten aber doch höchstens noch dem Schlusse des 15. Jahrhunderts angehören, sammt und sonders sehr defect sind, (Cod. Guelferb. Aug. 42, 7; Cod. reg. Holm. 22 und 23, in 4"; AM. 603, 604 und 605, in 4"), sodass unsere ríma recht wohl in der einen oder anderen dieser Hss. ursprünglich enthalten gewesen sein könnte. Die Form des Gedichtes scheint auf ein ziemlich hohes Alter desselben zu deuten. Theodor Möbius, der überhaupt über die isländischen rímur interessante Bemerkungen giebt[2]), hat bereits darauf aufmerksam gemacht, dass die Skíðaríma neben jener Ólafsríma des Einarr Gilsson die einzige ist, welche sich als ein Ganzes giebt, während alle anderen sich in eine Reihe von Abschnitten theilen, deren jeder dann mit einem besonderen Eingange und Schlusse versehen eine ríma für sich bildet, sodass das Ganze nicht

---

1) vgl. Jón Sigurðsson, im Safn til sögu Íslands, II, S. 67; Jón Espólín, ang. O., I. cap. 56. S. 74; cap. 65, S. 84; cap. 70, S. 91; cap. 75. S. 96.
2) Vorrede zur Sæmundar-Edda, S. IX—XI.

mehr als ríma, sondern nur als rímur bezeichnet werden kann. Wenn
bei der Ólafsríma, die nur 65 Strophen zählt, dieser Umstand allenfalls
noch als etwas Zufälliges betrachtet werden könnte, fällt diese Möglichkeit bei unserem Gedichte weg, das über 200 Strophen umfasst, und
somit länger ist als irgend welche andere bekannte ríma, und wird man
somit wohl anzunemen haben, dass man Anfangs auf Island derartige
Gedichte einheitlich verfertigte, und erst hinterher anfieng, dieselben zu
ganzen poëtischen Cyklen zu erweitern. Die Sprache der Skíðaríma
ferner dürfte ebenfalls auf ein ziemliches Alter derselben hinweisen.
Guðbrandr Vigfússon, ein verlässiger Gewährsmann in derartigen Fragen,
theilt mir mit, dass dieselbe aus sprachlichen Gründen jedenfalls nicht
jünger sein könne als die Mitte des 15. Jahrhunderts, während von
dieser Seite her Nichts im Wege stehe, sie auch etwa noch dem Ende
des 14. Jahrhunderts zuzuweisen, und er hebt beispielsweise hervor,
dass in den Reimen i und y, dann ei und ey noch scharf unterschieden
werden[1]); der Gebrauch so mancher ausländischer Worte aber, wie z. B.
fín, kvittr, forsmá, u. dgl. m., hat auch für das 14. und 15. Jahrhundert
nichts Auffallendes, zumal da derselbe zu bewusstem Zwecke auf die
alltägliche Redeweise eingeschränkt werden zu wollen scheint. Weniger
Werth möchte ich darauf legen, dass an ein paar Stellen Andeutungen
sich finden, die auf die katholische Zeit schliessen zu lassen scheinen
dürften. Das Bekreuzigen vor dem Einschlafen (44), und dann wider
gelegentlich des Verlöbnisses (125) darf man überhaupt nicht unter diesen
Gesichtspunkt bringen, und ebensowenig die Segenssprüche, deren sich
Skíði gelegentlich bedient (109; 118; vgl. auch 33); diese Sprüche wie
jenes Kreuzschlagen haben sich vielmehr auch in der evangelischen Zeit
und bis in die Gegenwart herab auf Island im Gebrauche erhalten. Eher
scheint mir noch die Erwähnung des Bischofsstabes (200), dann der
samstägigen Fasten erheblich, welche im Wege eines Gelübdes übernommen werden sollen (202); indessen liesse sich doch auch bezüglich
ihrer denken, dass sie lediglich als zum Costume der Zeit gehörig von
dem Dichter hereingezogen worden wären, der ja seine Handlung einmal

---

1) Der Reim viða und prýða in Str. 49 ist die einzige Ausname, und möglicherweise darinn eine Corruptel verborgen.

ins 12. Jahrhundert verlegen wollte. Aber soviel wird sich doch immerhin behaupten lassen, dass der naive Spott, welcher in unserem Gedichte mit dem Heidenthume getrieben wird, zu der so vorwiegend religiösen Stimmung in keiner Weise passen will, welche die Zeit der Reformation und die ihr unmittelbar folgende Periode beherrschte, und hinter die Mitte des 16. Jahrhunderts wenigstens führt uns somit auch diese Erwägung jedenfalls wider zurück. Auf dasselbe, und sogar auf ein noch etwas weiter tragendes Ergebniss dürfte aber endlich auch noch eine litterargeschichtliche Erwägung hinausführen. Nicht nur planmässige Fälschungen, wie etwa die Hjálmars s. oder die Bergþórs statúta, ja sogar noch die weit später entstandene Ármanns s.[1]), sondern auch ernstlich gemeinte Arbeiten der eifrigsten Alterthumsforscher des 17., und theilweise noch des 18. Jahrhunderts, zeigen deutlich, wie weit man dazumal noch von jener freien Beherrschung der Quellen, und zumal von jener sicheren Scheidung zwischen den geschichtlichen und den mythisch-romantischen Sagen entfernt war, wie solche unsere Skíðaríma unzweifelhaft voraussetzt. Erst die mühevollen Arbeiten Árni Magnússon's, und theilweise auch Þormóðr Torfason's legten den Grund zu einer richtigen und unbefangenen Einsicht und Kritik in und über die verschiedenen Sagenkategorieen, und wie wenig selbst ihr Urtheil zunächst noch durchdrang, zeigen noch Suhm's und Schönings ebenso kritiklose wie mühselig-fleissige Werke über die ältere Geschichte des Nordens. War also unser Gedicht bereits vor der Mitte des 17. Jahrhunderts vorhanden, und wir haben ja gesehen, dass es um diese Zeit bereits wirklich citirt wurde, so können wir auch dessen Entstehung in der unmittelbar vorhergehenden Zeit unmöglich annemen; wir müssen vielmehr diese solchenfalls in eine viel weiter zurückliegende Periode hinaufschieben, in eine Periode nämlich, welche weit genug hinter dem völligen Einschlafen aller nationalen Erinnerungen zurückliegt, um jenes frische Spiel mit dem Inhalte der älteren Quellen noch zu gestatten. In der zweiten Hälfte des vorigen Jahrhunderts wäre vielleicht die Entstehung eines änlichen Gedichtes möglich gewesen; war es aber vorher entstanden, so

---

[1] vgl. über derartige Machwerke meinen Aufsatz über isländische Apokryphen in der Germania, neue Reihe, I. S. 59—76.

kann diess kaum nach der Mitte des 15. Jahrhunderts geschehen sein, während allerdings, wenn wir berücksichtigen, dass noch in den Jahren 1387—95 die Flateyjarbók, und um ungefähr dieselbe Zeit auch die Vatnshyrna auf der Insel geschrieben wurde, nicht auffallen kann, dass dazumal oder etwa auch noch um ein halbes Jahrhundert später ein vereinzelter Dichter die für die Abfassung eines derartigen Gedichtes nöthige Bekanntschaft mit den ungeschichtlichen nicht nur, sondern auch mit den geschichtlichen Sagen besitzen konnte. In jener Zeit war noch, aber erst seit der Mitte des 18. Jahrhunderts war wider eine so kräftige Reaction gegen die Romantik der Fabelsagen denkbar, wie sie unserem Gedichte ganz unzweifelhaft zu Grunde liegt. Das Alter der Quellen aber, welche für dieses benützt sind, kann, soweit ich dasselbe überhaupt zu bestimmen im Stande bin, der obigen Erörterung in keiner Weise im Wege stehen, wiewohl gerade nach dieser Seite hin eine noch genauere Feststellung der Entstehungszeit unseres Gedichtes sowohl als so mancher in demselben benützter Sagen höchst erwünscht wäre.

Möglicherweise könnte übrigens auch noch die Untersuchung des Entstehungsortes der Skíðaríma in Bezug auf deren Entstehungszeit weitere Aufklärung bringen. Dass dieser in Westisland zu suchen sei, kann meines Erachtens keinem Zweifel unterliegen. Im Hítardalr lässt unser Dichter seinen Helden aufwachsen (7). Dass derselbe gelegentlich auch wohl als Norðmann bezeichnet wird (58; 203), kann hiemit um so weniger in Widerspruch stehen, als auch der westisländische Häuptling Geirmundr heljarskinn denselben ausdrücklich als seinen Landsmann bezeichnet (131), und darf somit nur daraus erklärt werden, dass die Isländer, zumal seit der Unterwerfung der Insel unter die Könige von Norwegen, auch wohl sich selber mit zu den Norðmenn zählten[1]); vollkommen unbegründet ist es dagegen, wenn Finn Magnússon den Skíði „af Födsel norsk" nennt[2]). Erzählt wird ferner allerdings von dem Manne, dass er in allen Winkeln der Insel herumgestreift, und im ganzen Lande bekannt geworden sei (15); aber doch ist lediglich Westisland der Schauplatz der Erzählung, soweit diese überhaupt in der vollen Wirklichkeit

---

1) vgl. z. B. Flateyjarbók, II, S. 91: þorf vera allra Norðmanna.
2) Grönl. hist. Mindesm., I, S. 117.

sich bewegt, und der einzige nicht hier gelegene isländische Ort, welcher überhaupt in dem Gedichte genannt wird, ist wenn ich von dem Vorgebirge Horn absehe, Hólar, welches indessen lediglich um seiner Domkirche willen gelegentlich erwähnt wird (200). Die Vestfirðir hat Skfði soeben durchbettelt, als er in dem Gedichte handelnd eingeführt wird, und „yfir um fjörð", d. h. über den Gilsfjörðr, ist er von dort nach der Landschaft Saurbær herübergekommen (16). Hier sucht er den þorgils Oddason auf seinem Hofe zu Staðarhóll heim (17—28), und wenn er von demselben mit Leder zu Schuhen beschenkt wird, so stammt dieses von einem Ochsen, der auf der Insel Stagley aufgezogen wurde, ganz wie man noch heutigen Tages die kleinen Inseln des Breiðifjörðr um ihres üppigen Graswuchses willen vielfach zur Mästung von Vieh zu benützen pflegt[1]). Von hier aus geht es dann weiter, die Ásolfsgata, die auch schon in der Sturlúnga genannt wird[2]), und über die Skörð, d. h. doch wohl die Bergscharten, welche Saurbær von der Hvammssveit trennen, nach Hvammr (29); hier kehrt er bei Sturli zu, und wird auch von diesem beschenkt (30—33). Nun geht es weiter südwärts, ohne dass doch des Weges über die Thäler des Näheren gedacht würde; nur des Svínbjúgr geschieht Erwähnung, welcher überschritten, und des Hítarvatn, an welchem vorübergegangen wird (34), sodass man sieht, dass der Mann den noch heutzutage üblichen Weg über Hjarðarholt, den Snóksdalr und Sólárdalr eingeschlagen haben muss. Im Hítardalr, oder wie der Hof hier mit poëtischer Umschreibung genannt wird, Belgjadalr, findet unser Held sodann bei þorleifr beiskaldi Aufname (35); hier bleibt er über Nacht (35—45), obwohl sein Empfang und seine Unterkunft eine sehr wenig gastliche ist, und hier hat er seinen verhängnissvollen Traum. Sowie er aus diesem erwacht, befindet er sich denn auch wider im Hítardalr (188) bei þorleifr (190), und hier erzählt er, was ihm die Nacht über widerfahren war. So dreht sich demnach die ganze Erzählung ausschliesslich um Westisland, und bei ihrem burlesken Charakter ist nur um so weniger zu erwarten dass sie anderwärts entstanden sei. Aber vielleicht gelingt es, ihrem Entstehungsorte noch etwas näher zu

---

1) vgl. auch Sturlúnga, V, cap. 7, S. 114: kvámo hé í Stagley ok drápo þar yxn er Sturla átti.
2) Sturlúnga, II, cap. 23, S. 78.

kommen. Ueber die Aufname, die er in den Vestfirðir gefunden, spricht sich Skíði sehr unzufrieden aus (18), und ebensowenig wird die Gastfreiheit belobt, deren er sich im Hítardalr zu erfreuen hat (36—37); um so nachdrücklicher wird dagegen die liberale Bewirthung und die reichliche Darbietung von Geschenken gepriesen, die ihm in Staðarhóll sowohl als in Hvammr zu Theil wurde, und Skíði selber weiss, von Óðinn über die hervorragendsten Männer in seiner Heimat befragt, demgemäss nur den Þorgils und Sturla zu nennen, ohne Þorleifs auch nur mit einem Worte zu gedenken (97—99). Lässt sich schon hieraus eine gewisse Vorliebe für denjenigen Theil von Westisland erschliessen, welcher zwischen dem Gilsfjörðr und Hvammsfjörðr beschlossen liegt, so lassen sich vielleicht auch noch einige weitere Umstände in der gleichen Richtung geltend machen. Dass Skíði bereits seiner Geburt nach dem Hítardalr zugewiesen wird, und dass ebendahin auch der Schauplatz seines ganzen närrischen Traumes verlegt ist, lässt auf eine sehr entschiedene Abneigung des Dichters gegen dieses Thal und seine Bewohner schliessen, wie es ja bekanntlich auch bei Cervantes keine Vorliebe für la Mancha war, was ihn bestimmte seinen Don Quixote und seinen Sancho Pansa in ihr zu domiciliren. Dass ferner des Skíði Reise durch die Vestfirðir nur mit einem Worte berührt, und über seine Fahrt von Hvammr ab bis zum Svínbjúgr nicht einmal ein Wort verloren wird, zeigt dass der Dichter beiden Landstrichen ziemlich gleichgültig gegenüberstand; umgekehrt lässt aber die ausführliche Erwähnung der Landschaft Saurbær und des Hofes Staðarhóll, der Insel Stagley als eines Mästungsplatzes für Ochsen, der Ásólfsgata und der Skörð, endlich des Hofes Hvammr, wider auf eine nahe und freundliche Beziehung desselben zu diesem Bezirke schliessen. Endlich darf auch nicht unerwähnt bleiben, dass der einzige unter den isländischen landnámamenn, welcher in dem Gedichte genannt wird, Geirmundr heljarskinn nämlich, gerade auf den Skarðsströnd, also in der zunächst an Saurbær gelegenen Landschaft, sich nidergelassen hatte[1]); schon im 13. und 14. Jahrhunderte hatten sich mancherlei Volkssagen an dessen Person geknüpft[2]), ganz wie noch heutigen Tages solche Local-

---

1) Landnáma, II, cap. 19, S. 123—28, und cap. 20, S. 135.
2) Sturlunga, I, cap. 8, S. 6—8.

sagen über ihn in jener Gegend umlaufen[1]), und so liegt die Anname
nahe, dass gerade sie es gewesen seien, welche den in der Gegend heimischen
Verfasser zur Nennung gerade dieses Namens bestimmt haben.
Das Ergebniss aber dieser Erörterung über den Entstehungsort unseres
Gedichtes liesse sich möglicherweise benützen, um für Erlend Ólafsson's
Bericht über dessen Entstehungszeit einen weiteren Stützpunkt zu gewinnen.
Man möchte sich nämlich vorab daran erinnern, dass Ólöf hin
ríka, in deren Umgebung die Skíðaríma nach dieser Tradition entstanden
sein sollte, den nahe bei Staðarhóll gelegenen Hof Skarð von ihrem Vater,
Loptr hinn ríki, geerbt, und dass sie Jahre lang auf demselben ihren
Wohnsitz gehabt hatte. So hatte ferner zu Hvammr Jón Guttormsson
gewohnt († 1403), ein Bruder Lopts, also Oheim der Ólöf, und zugleich
(seit 1392) der erste Mann eben jener Vatnsfjarðar-Kristín, von welcher
in zweiter Ehe Björn Þorleifsson geboren wurde, der Mann der Ólöf[2]);
Kristín hatte den Hof nach Jóns Tod, wie es scheint, geerbt, da sie ihn
im Jahre 1421 mit Zustimmung ihres zweiten Mannes, Þorleifr Árnason,
an Ásgeir Árnason verkaufte[3]), und derselbe konnte somit für Ólöf als
ein früheres Besitzthum ihres Mannes sowohl als ihrer eigenen Vorfahren
immerhin ein besonderes Interesse haben. Endlich war auch Staðarhóll
in der Hand desselben Geschlechtes, da Ormr, ein unehelicher Sohn
Lopts, und somit Bruder der Ólöf, sammt seiner Frau Solveig, einer
Schwester des Björn Þorleifsson[4]), den Hof inne hatte, wie sich dies
aus dem im 16. Jahrhunderte über denselben geführten Processe ergiebt[5]);
es begreift sich demnach recht wohl, dass ein Dichter, welcher in der
nächsten Umgebung der Ólöf und gewissermassen im Dienste derselben
sich befand, sich veranlasst sehen konnte, gerade dieser beiden Höfe in

---

1) vgl. Jón Árnason, Þjóðsögur, II, S. 84.
2) Jón Espólín, Árbækr, I, cap. 87. S. 114, und cap. 96, S. 124.
3) ebenda, II, cap. 12, S. 17.
4) Ihre Heirath fällt in das Jahr 1484; ebenda, II, cap. 28, S. 88.
5) vgl. Magnús Ketilsson, Kongelige Forordninger og aabne Breve, I, S. 336—43. Wie
sich freilich hiemit vereinigen lässt, dass nach Jón Espólín, II, cap. 9, S. 12, der Hof
bereits im Jahre 1417 von Loptr an Bischof Árni Ólafsson abgetreten worden sein soll,
muss ich dahingestellt sein lassen; mag sein, dass diese Abtretung wider rückgängig gemacht
worden war.

seinem Gedichte in ehrender Weise zu gedenken, während jeder derartige Erklärungsgrund wegfällt, sowie wir diesen Dichter um 80 Jahre zurückversetzen, und zum Begleiter Jórsalabjörns auf seiner Grönlandsfahrt machen: die Verbindung des Hauses der Vatnsfirðíngar mit dem des Loptr ríki war im Jahre 1385 noch nicht geknüpft, also auch für die Ersteren noch keinerlei besonderes Interesse an Staðarhóll und Hvammr begründet, und umgekehrt würde ein Leibdichter Jórsalabjörns doch wohl kaum die Vestfirðir so kurz abgethan haben wie diess in unserem Gedichte geschieht. Indessen, so plausibel auch eine solche Argumentation in mancher Hinsicht sein mag, so kann ich sie doch nicht für völlig concludent halten. Auffällig nämlich müsste denn doch erscheinen, wenn ein der Ólöf persönlich nahestehender Dichter, welcher aus Rücksicht auf sie und ihr Haus die Höfe von Hvammr und Staðarhóll in seine Dichtung hereingezogen hätte, gerade den von ihr selber bewohnten Haupthof, den zu Skarð, unberücksichtigt gelassen haben sollte. Dieselbe Sturlúnga, aus welcher er über Þorgils Oddason, Hvammsturla und Þorleifr beiskaldi seine Nachrichten entlehnte, konnte ihn ja doch auch darüber aufklären, dass zu Skarð in der ersten Hälfte des 12. Jahrhunderts Húnbogi Þorgilsson wohnte[1], der Vater jenes Snorri Húnbogason, welcher in den Jahren 1156—70 das Amt eines Gesetzsprechers bekleidete, und auch seinerseits auf demselben Hofe wohnte[2]), und wenn zwar beide Männer an politischer Bedeutsamkeit allerdings mit jenen 3 Erstgenannten sich nicht messen konnten, so konnte doch dieser Umstand unseren Dichter unmöglich hindern auch über sie ein gelegentliches Wort zu sagen, wenn es ihm überhaupt darauf ankam die seiner Herrinn näher gelegenen Besitzungen zu verherrlichen. Weiterhin erklärt die obige Deduction in keiner Weise die unverkennbare Feindseligkeit des Dichters gegen den Hítardal, und doch müsste, wenn jene Motivirung für die Hervorhebung der Höfe von Staðarhóll und Hvammr richtig wäre, doch wohl auch jene Kehrseite in derselben Weise sich motiviren lassen; umgekehrt lässt sich dagegen, wenn ich annehme dass ein in Saurbær oder der Hvammsveit ansässiger Dichter ohne alle Rücksicht auf dieses oder jenes Häuptlings-

---

1) Sturlúnga, I, cap. 6, §. 9; cap. 18, §. 22.
2) ebenda, II, cap. 9, §. 64.

geschlecht den Rahmen seiner Erzählung aus der Sturlúnga entlehnte, ganz gut erklären, dass er lediglich deren eigene Partheistellung acceptirte, und somit für Sturla und gegen þorleif eintratt, wogegen er dem þorgils, der bei den Zerwürfnissen unter diesen letzteren unbetheiligt war, aus bloser Landsmannschaft die gleiche Ehre mit Sturla gönnen mochte. So lasse ich demnach diesen Punkt auf sich beruhen, und will ihn nur angeregt haben, weil vielleicht irgend ein in der Genealogie und den unedirten Urkunden des 14. und 15. Jahrhunderts bewanderter Isländer die gewiesene Spur mit besseren Glücke verfolgen könnte als ich.

Zum Schlusse habe ich mich noch über den Text des Gedichtes auszusprechen, den ich im Folgenden biete. Auf die Bedeutung einer kritischen Ausgabe im gewöhnlichen Sinne des Wortes kann und will derselbe keinen Anspruch erheben; eine solche dürfte überhaupt kaum möglich sein, da, wie bereits bemerkt, keine über den Anfang des vorigen Jahrhunderts hinaufreichende Hs. des um etwa 3 Jahrhunderte älteren Gedichtes erhalten zu sein scheint. Ich folge einer Abschrift, welche ich schon vor mehreren Jahren von Guðbrandr Vigfússon freundlichst mitgetheilt erhielt, und die ihrerseits auf einer interlinearen Hs. beruht, in welcher Varianten mitgetheilt sind, die freilich z. Th. nur auf Besserungsversuchen ihres Schreibers herzurühren scheinen. Ich habe diese Varianten unverändert mitgetheilt, und mache zumal auf zwei Bemerkungen aufmerksam, die bereits von Árni Magnússon's Hand herrühren dürften[1]); meine eigenen Zuthaten habe ich durch Cursivschrift kenntlich gemacht, und beziehen sich dieselben theils auf einige wenige Versuche den Text zu bessern, theils auf einige Bemerkungen bezüglich weniger verständlicher oder für die Bestimmung der Entstehungszeit der rima erheblicher Worte und Formen, theils endlich auch auf sonstige zum Verständnisse des Textes, wie mir schien, dienliche Notizen. Für die Richtigstellung des Textes hätte vielleicht mehr gethan werden können, wenn mir Bischof Jón Vídalín's und seines Fortsetzers lateinische Uebersetzung zugänglich gewesen wäre, und zumal hätte sich mit ihrer Hülfe vielleicht bestimmen lassen, ob ein paar auffällige Wiederholungen,

---

1) Anm. zu Str. 20 und 103.

die sich in dem Gedichte finden[1]), nicht etwa blos durch gleichzeitige Einstellung verschiedener Lesarten aus verschiedenen Hss. in dasselbe hereingekommen seien; für den litterargeschichtlichen Werth des Ganzen sind indessen derartige Punkte ohne grosse Bedeutung, und um ihn war es mir für diessmal ausschliesslich zu thun.

Skida-rima.

1 Mèr er ekki um mansaung greitt,
minstan tel eg það greiða,
því mèr þykir öllum eitt
af því gamni leiða.

2 Yngismenn vilja úngar frúr
í aldingarðinn træla,
feta þar ekki fræðin[2]) úr,
flest er gjört til væla.

3 Ef koma nokkur kvæðin þá
hjá kútum silkihrundum,
kalla þær sè kveðið sig á
af kærleiks elskufundum.

4 Ekki sómir amors vers[3])
öllum bauga skorðum,
geugr mörgum gaman til þess
að gylla þær í orðum.

5 Látum heldr leika tenn[4])
á[5]) litlum æfintýrum,
þá munu geta vor góðir menn
hjá gullhlaðs skorðum dýrum.

6 Fjölnis átti eg fornan bát,
sem flaut í óðar ranni

þar var skrifuð[6]) á skemtun kát
af Skíða gaungumanni.

7 Hann ólst[7]) upp í Hítardal
hár á úngum aldri,
það er hvorki skrum nè skjal
skráð af menja-Buldri.

8 Manna hæstr, mjór sem þvengr,
miklar hendr og síðar,
þó var upp ór krippu keugr
og krummur harla víðar.

9 Skeggið þunt og skakkar tenn,
skotið út kinnarbeinum,
djarfmæltr við dánumenn,
drengrinn hvass í greinum.

10 Skreppu átti hann Skíði sèr
og skónál harðla prúða,
þar með enn sem int er mèr
allan skreppu[8]) skrúða.

11 Hèr með á hann stóran staf
og stæltan staf með hólki
maðrinn kunni matar[9]) skraf
misjafnt kendr[10] af fólki.

1) vgl. zumal Str. 75 mit 79; dann Str. 160 mit 171. 2) al. fljóðin 3) Man bemerke den in älteren Gedichten unerhörten lateinischen Ausdruck! 4) enn. 5) al.
6) Selbstverständlich darf man in diesem Worte, das nur änliche Citate in so manchen erdichteten Sagen voraupottet, nicht einen crudlichen Hinweis auf irgend welche schriftliche Vorlage des Dichters suchen. 7) óx, al. 8) hennar. 9) máttar. 10) bekkr.

12 Húsgang réð um allan aldr
 æfi sinnar þreyta,
 enga menn fann auðar Baldr
 í orðum sínum neyta.
13 Hirðslu átti halrinn sèr
 heldr innan feita,
 úr máta stór og mikil er
 má hún því smjörsvín heita.
14 Er hún fjörð sem annað svín¹),
 innan hol sem kista,
 Grelandt dvergr úr garði sín
 gaf honum þá²) til vista.
15 Hleypr á millum horna lands
 halrinn búinn til pretta,
 getið er Skíða gaungumanns
 um gjörfallt landið þetta.
16 Nú hefir kempan kappi hörð
 kannað vestrsveitir
 aptr kominn yfir um fjörð
 og þar Saurbær heitir.
17 Stóð þar bær er Staðarhóll hèt,
 stefnir þangað Skíði,
 þenna frá eg að þekkjast lèt
 þorgils bóndinn fríði.
18 Segist drengrinn nótt hafa heim
 seggi vestr um fjörðu,

„brenni allr á baki þeim
 beininn sem mèr gjörðu."
19 Oddason til afreks vendr
 ýtum stýrði fínum³),
 þar var Skíði af skötnum kendr
 og skemti af ferðum sínum.
20 Þorgils tekr úr seggnum sult,
 sá kann drengnum hjúka,
 matsvín hans var meir en fullt,
 að morgni vill hann strjúka⁴).
21 Árla dags er uppi sá
 sem á fyrir mörgu að huxa,
 seggir fóru að slátra þá
 og slógu Stagleyjar uxa.
22 Þorgils talaði þýðr og glaðr
 þá við drenginn fína⁵),
 „hvað vill Skíði húsgangsmaðr
 hafa fyrir skemtan sína?"
23 Á skæðum kvað sèr skjótast þörf,
 því skólaust geingi laungum,
 margr hefir sá meiri þörf
 er minna treystir⁶) gaungum.
24 Skæðin vóru úr skarpri húð
 skorin með hvössum knífi,
 þau vóru ekki þynnri en súð,
 þá var gaman að lífi.

---

1) Wohl zu lesen: skrín? 2) þar. 3) Das Adjectiv finn citirt Sveinbjörn Egilsson
aus der um das Jahr 1400 gedichteten Nikolasdrápu; in den Sólarljóð, Str. 82 beruht es auf
einer falschen Lesart, fína für fíra; Fritzner weiss die Wendung: fínt sem spegill, aus der Hálfdanar
s. Eysteinssonar, cap. 16, S. 543 (FAS, III) nach, deren älteste Hss. in das 15. Jahrhundert
hinaufreichen.
 4) Garprinn opnar góma sal
 gömlum kjöptum skaldi,
 hann kveðst maðr í Hítardal
 hátta skyldi að kvöldi.
Alii addunt; manuscripta quæ vidi non habent hunc versum. AM. 5) vgl. die Anmerkung
zu Str. 19. 6) á add. Cd.

25 „Kenna mundi rausn af þér
fyrir¹) rekka harðla fróða,
ef þú gæfir önnur mér
af uxanum þeim hinum góða."
26 „Sker þú sjálfr, Skíði minn,
skæðin svo þér líki". —
„Ofurlegt er um örleik þinn,
örva luudrinn ríki."
27 Ristir hann ofan af mölunum midt
mikla leugju og síða,
hafði hann á því hvers manns kvitt,
að hann mundi aldri ríða.
28 Allt var senn í einum klið,
upp vatt trúss meðal herða,
seggi biðr hann sitja í frið,
svo er hann búinn til ferða.
29 Ásólfs²) götu og austr um Skörð
ætla eg drengrinn þrammi,
þar til kempan kappi³) börð
kemr⁴) niðr að Hvamnni.
30 Sturli hèt er stýrði þar
stuðnum þeim hinum fríða,
sænd og heiðr at seggjum bar,
sjálfboðið lèt haun Skíða.
31 „Hefir þú kannað heruðin vestr?"
hátt réð Sturli að mæla,
„hver er þar skatna skörúngr
mestr?
skylt er því að hæla".

32 „Þorgils er þar bóndinn bestr
baugum⁵) kann að gæða⁶),
var eg hans í gærkveld gestr,
hann gaf mèr tvenn þor⁷)skæða."
33 Sturli gaf honum stæltan knif,
stóra skreppu og mjúka,
sjálfan guð bað signa hans líf,
og svo er hann búinn að strjúka.
34 Drattar hann á Svínbjúg suðr,
og svo með Ilítarvatni,
í honum gjörðist illr kuðr,
aldrei trúi eg hann batni.
35 Beiskjaldi í Belgjadal⁸)
byrðum⁹) trúi eg að safni,
þenna þegninn þýða skal
þorleif öðru nafni.
36 Honum var ekki hjúkað þar,
heldr tók að nátta,
fram í stófunni frá eg hann var
þá fólkið skyldi hátta.
37 Hann vilja ekki hauldar sjá
hvorki að mat nè drykkju;
haun Leifi kvað ei liggja á
um lítilmennis þykkju.
38 Hann skefr þá ofan af skæðum sín
og skóna gjörði fjúra,
það kom rètt í reikníng mín,
hann rekr í þvengi stóra.

---

1) við.   2) holts; *offenbar falsch, da die Ásólfsgata nachweisbar ist, vgl. oben, S. 218.*
3) reanmar raimnn.   4) ríðist.   5) brúgnum.   6) blæða, al.   7) *Fritzner weist den Ausdruck bereits in der Laurentius byn s., cap. 65, S. 876, nach, deren betreffende lls. freilich erst um das Jahr 1500 geschrieben ist, und in einer Mariu s., die schon im 15., oder selbst am Schlusse des 14. Jahrhunderts geschrieben sein soll.* 8) = *Hitardal, weil hit = belgr; vgl. Sveinbjörn Egilsson, h. v.*   9) birgðum?

39 Býr um skó á belti sèr,
en bindr upp á sig aðra,
það hafa seggir sagt fyrir mèr
að slíkt eru brögðin þaðra.
40 Setr hann fyrir sig svíníð frítt
og síðan bregðr skreppu
fiskastykkið fagrt og hvítt¹)
frá eg hann hefði í skreppu.
41 Seggrinn tæmdi svíníð hálft
og sjö grunnúnga barða,
viðbit blýtr að synja sjálft
setr nú að honum kvarða.
42 Kastar sèr í krókpall niðr
kænn til húsganga ferða,
svíníð bindr hann síðu viðr,
en setr upp trúss meðal herða.
43 Drengrinn frá eg í lopt upp lá
lítið varð af söngum,
fátækt fólkið hvíldi hjá
og hræddist strákinn laungum.
44 Ekki frá eg hann signdi sig,
seint tók gleðin að rakna,
ei²) mun britt að³) uggir mig
af illum draumi vakna.
45 Síðan fór að sofna brátt,
segginn einginn geymdi,
ferleg undrin fram á nátt
frá eg hann Skíða dreymdi.
46 Inn kom maðr í stófuna stór,
með stæltan hamar í hendi,

það var hinn illi⁴) Ása-þór
er Óðinn kóngr sendi.
47 Orðum hagaði þannig þór
þegar hann finnr Skíða:
„Óðinn kóngr yfirmann⁵) vór
yðr bað til sín ríða.
48 Kom þar til með kóngum tveim
í kveld þeir skyldu hátta,
Óðinn gefr þèr auð og seim
ef þú gjörir þá sátta.
49 Frètt hefir⁶) hann að fremdin þín
fer um heiminn víða,
hann vill alla hafa til sín
sem heimsins lystir prýða⁷).
50 Lánað er þèr list og vit,
lukkan befir þig fangað,
því hefir sjóli⁸) sent þèr rit
að sækja austr þangað."
51 Rèttast gjörði raumrinn stirðr
og rèð þú fyrst að hrækja:
„ei er mildíng minna virðr,
mun eg á fund hans sækja".
52 Skíði frá eg að skauzt á fætr,
og skundar út með þóri,
ekki frá eg að lítið lætr
laufa viðrinn stóri.
53 þeir á jökla orka austr
Ása-þórr og Skíði,
leiðsögumaðrinn lukku traustr
læst þar ei þó bíði.

1) vídt. 2) og. 3) það. 4) að öllu, al. 5) Die Form mann für maðr
hat Sveinbjörn Egilsson schon in der Sturlunga, III, cap. 6, S.206, und Fritzner in der Alexanders
s., S. 164, nachgewiesen; häufiger ist sie indessen erst in späterren Quellen. 6) fréttir.
7) Man beachte den falschen Reim! 8) Sjóli erklärt Björn Haldorsson als dichterische Bezeichnung eines Königs; den übrigen Wörterbüchern fehlt das Wort.

54 Austr af Horni¹) og út á haf
álpuðu þeir frá landi,
Noreg frá eg þeir næði af
nærri Þrándheims sandi.
55 Þó bylgjur rísi á bröttum sjó
bragna gjörir það káta,
aldrei tók þeim upp yfir skó
og ei frá eg þá váta.
56 Fundu þeir í fjörunni mann,
frá eg hann Ölmóð heita,
útisetuna eftir hann,
og ætlar spádóms leita.
57 Ölmóðr heilsar þegar á þór,
„þú munt kunna að skýra,
hver er sá maðr er með þór fór,
eða mun hann lukku stýra?"
58 „Skíða Norðmann skulum vèr hann
að skírnarnafni kalla,
hefir í brjósti hreystimann
heims náttúru alla."
59 „Mèr lizt ekki meiri kraptr
mens²) yfir þessum lundi
hitt mig uggir hann komi ei aptr
heill af ykkrum fundi."
60 „Spá þú mèr engra, herjans höttr³),
hrakfalla", kvað Skíði,
„ellegar skal [eg, hinn⁴) digri
dróttr,
dubba þig svo svíði."

61 „Hverki er það ból nè akrum,
hafi þig Æsir fangað,
þèr mun kostr að kúklast um
komist þú austr þangað."
62 Fljótlega leiddist Skíða skraf,
skapillr trúi eg hann þekki,
laust til Ölmóðs löngum staf,
lítt kom við eðr ekki.
63 Skíði datt þá skyldi hann
skjótt á þaranum ganga,
hólkinn misti húsgangsmann
af harkinu því hinu langa.
64 Virðum gengr varla í hag
víst ef fleiru týna,
Ölmóðr hafði annan dag
járnið þetta að sýna.
65 Austr af Noreg ýtar þeir
áttu fyrst að ganga,
drukklanga stund dratta þeir
fyrir Danmörk endilanga.
66 Svo var brautin breið fyrir þeim
sem borgarstræti væri;
ýtar komu í Asiaheim
Óðins höllu nærri.
67 þá vóru skórnir Skíða í sundr,
skipti hann um þá síðan,
en hina fornu laufalundr
lagði í sekkinn víðan.

---

1) *Gemeint ist wohl Eystrahorn oder Vestrahorn, sandchat am Hornafjörðr in der Skaptafellssýsla.* 2) *magns.* 3) *Herjans, ein Beiname Óðins, wird in der christlichen Zeit bekanntlich als Schimpfwort gebraucht; herjans höttr, ursprünglich eine dichterische Umschreibung des Helmes (vgl. Sveinbjörn Egilsson, h. v.), steht hier auch als triviales Scheltwort.* 4) *mun.*

66 Borgarturnar glóa sem gull,
   glymr í hverju stræti,
   heimsins er þar hegðan full
   og hæversk önnur læti.
69 „Hver á þessi húsin stór?"
   hátt réð Skíði mæla,
   „þetta er hún Valhöll vór,
   sem vís er í auðr og sæla."
70 Skíði spurði að þessu Þór:
   „þú munt kunna að skýra,
   hvar kempur sitja og kóngur vór
   og kappasveitin dýra."
71 „Óðinn sitr þar innst í höll
   og Æsir tólf á stóli,
   glóar hún öll af greiparmjöll
   og grettis randu bóli.
72 Horfðu beint á Hilditönn
   og Hálfdan kóng enn milda,
   þér mun virðast saga mín sönn,
   slíkt tel ek kappa gilda.
73 Ívarr sitr þar innst í höll
   og Álfr kóngr hinn sterki,
   Hrólfr kraki og hirð hans öll
   hraðr í sniklar verki.
74 Haka líta og Hagbarð má
   hjá honum¹) Starkað gamla,
   Arngríms synir þar utar í frá
   ekki lítið bramla.
75 Blótharaldr býr þar næst,
   beint og Þráinn í haugi,

   við þá líkar fyrðum fæst,
   flagðs er litr á draugi.
76 Völsúngr með vísin þjóð²)
   og Víðólf mittumstangi³),
   Eddgeir⁴) risi og Avenstróð⁵),
   allt er á reiðigangi.
77 Hér er Geirmund beljarskinn
   og hjá honum kappinn Víkar,
   Sörli hinn sterki sest þar inn,
   slíkt eru kempur ríkar.
78 Ásmund sitr þar yzt við gátt,
   er sá mesti kappi,
   garprinn sá sem Gnóð hefir átt,
   gjörir sér flest að happi.
79 Enn Víðfaðmi Ivarr sitr
   innstr á⁶) pallinn langa,
   hundrað kóngar, herrann vitr,
   hvern dag með honum ganga.
80 Sigurðr hringr⁷) sitr þar hjá
   og sonr hans kóngrinn Ragnar,
   Áli⁸) hinn frækni útar í frá,
   eru það röskvir bragnar.
81 Ragnars synir reiknast þá⁹)
   rétt hjá Andra jarli,
   Ísúngs¹⁰) synir útar í frá
   ekki smáir á palli.
82 Reginn og Fofnin¹¹)þrekkrinn sá¹²)
   rétt fyrir norðri miðju,
   átján dvergar út í frá
   allir hagir í smiðju.

---

1) Aka — Agbarð sinninn.   2) Vist er þetta vísin þjóð.   3) mittimstangi.
4) Oddgeir.   5) kes: Aventróð.   6) imst við.   7) kóngur.   8) Áki.   9) Ragnars
son er reikninn þar.   10) Ásmunda.   11) sic accus.   12) reiknast me, al.

83 Hèr næst sèr þú haulda tólf
heldr í vaxti gilda,
garprinn þekktú Gaungu-Hrólf
og Gautreks arfann milda.

84 Þórir járnskjöld þekkja má,
þar með Högna og Gunnar,
Ubbi hinn fríski útar í frá[1]),
ei mun betra sunnar.

85 Ýzt við gátt er Sigurðr sveinn
settr af görpum snjöllum[2]),
fyrrum vann hann Fofni einn
frægstr af kóngum öllum.

86 Heldr hann öllum hræddum hèr
hirðir orma setra,
Óðinn telr hann ekki sèr,
autt rúm[3]) þykir betra.

87 Þar er á stóli Freyja og Frigg,
og fara með hvíta glófa,
enn er hin þriðja þórna vigg,
það er hún Hildr hin mjófa.

88 Héðinn vill gjarnan Hildi fá,
en Högni stendr á móti,
fyrir það magnast málma þrá,
múgrinn kastar grjóti.

89 Hèr felst undir auðnan þín,
ef þú gjörir þú sátta,
ellegar verðr það ýta þín
innan þriggja[4]) nátta.

90 Því næst gèkk í Háfa höll
halrinn kampa siði,
hirðin tók að hlæja öll:
„hvað mun hann vilja, Skíði?"

91 Skíði heilsar Fjölni fyrst,
og fèll það ekki úr minni,
hann sá alla heimsins lyst
í húsi þessu inni.

92 Herra Óðinn breifði sèr:
„heill og sæll, minn Skíði,
sjálfboðinn skaltú í sess hjá mèr,
seimslundrinn fríði.

93 Hèr er sá maðr mig befir lyst
marga stund að finna,
þú skalt segja mèr frèttir fyst
og farlengd sefi þinnar[5])."

94 „Frèttalaust er í ferðum mín,
fátt er kyrru betra,
nálgast hefi eg á náðir þín,
nú er eg sextigi vetra."

95 Óðinn spurði aptr nú,
er það minni vandi:
„eru margir meiri en þú,
menn á Íslandi?"

96 „Á Íslandi eru margir menn
misjafnt nokkuð ríkir,
þó eru ekki allir enn
oss að mentum líkir.

97 Þorgils er þar bóndinn beztr
á bygðum vestr sveita,
sá kemr einginn gaungugestr
að greiða vili neita.

98 Ei er eg vanr", aulinn kvað,
„í orðum menn að gylla,
þó vil eg sýna þèr svíníð það
er seggrinn rèð að fylla.

---

1) Ubbi hinn frækni er þar hjá. inns. al. 2) öllum 3) oss. 4) fárs. 5) þins

99 Annað er þar ágætt líf,
ætla eg hann heiti Stolli,
mèr gaf þenna mæta knif
maðrinn sæmdafulli."
100 „Fyrir þá neyð þú fèkst af mèr,
að fórstú úr landi þínu
kjörgrip skaltú kjósa þèr,
kurl, úr ríki mínu."
101 „Herra, gef mèr hólk á staf,
hann vil eg gjarnan þiggja,
trúa mín veit eg týndi honum af,
tel eg við Noreg liggja."
102 Rögnir kallar Regni til sín,
„ramlega skaltú smíða
stinnan hólk úr stáli mín¹)
á staf mína herra Skíða."
103 Hann kvaðst mundi hraðr að því,
og hefr sig út í smiðju,
hálfan fjórðúng hafði í,
hæst var rönd í miðju²).
104 „Góði herra, gef mèr smjör
greitt í hirzlu mína."
Bænin sú fèll beint í kjör,
biðr hann Freyju sína.
105 „Vistafátt mun verða þèr
víst ef játar flestu,
sá kostnaðr sezt að mèr,
smjörlaus er eg að mestu.
106 Lávarðr³) skal láta í
en Loki eptir hlaupa,

mèr sýnist engin sæmd að því,
ef smèr þarf út að kaupa".
107 Farbauti lèt fylla svín,
og færa það heim til hallar,
„farðú og geym það, Freyja mín,
og fáðú honum þegar hann
kallar."
108 Þar kom innar áfengt öl,
Óðinn drakk til Skíða:
„þú skalt hafa hjá mèr dvöl
og hvergi í kveldi ríða."
109 Halrinn þakkar herra vín,
„bafi þèr guðslaun Óðinn".
En hann greip fyrir eyrun sín,
sem að honum færi vóðinn.
110 „Hann skaltú ekki í húsum mín
hirða þrátt að nefna,
ellegar tapast auðnan þín
sem áðr hefi eg þèr gefna.
111 Kvonfang skaltú kjósa þèr,
kann eg fleira að greina,
fljóðin læt eg föl hjá mèr,
nema Freyju mína eina."
112 „Þýða kýs eg þorna brú,
það er hún Hildr hin mjófa,
mèr lízt engin önnur sú
jafnvel kunni hófa."
113 „Högni ræðr hver hana á,
því hún er hans einkadóttir,
ei mun Höðni hugnast þá,
ef hèr eru menn til sóttir".

---

1) fin, al. 2) Addunt nonnulli: „þá skalt Brokkr blása í dag
best fyrir smiðum vöndum,
bresti þig á belgjam lag,
bani er fyrir höndum".
In exemplaribus quæ vidi non exstat AM. 3) *Lies: Laufeyjar ver.*

114 Skíði veik að Högna hèr,
og hóf svo ræðu sína:
„hvað skal eg leggja í lófan¹)
á þèr,
þú leifir mèr mey svo fína²)?"
115 Högni segir að hilmir má
Hildi sjálfr gipta,
„hvergi kýs eg hærra á,
því hèr er við dreng að skipta."
116 „Allt í heimi eg ynni til,
að þið Högni sættust;"
„þeygi gengr þetta í vil
þó við Hildr sættumst³)."
117 „Mágr þinn eg verða vil,"
veik svo Skíði að Högna,
„verið kátir og víkið til
víst við kónginn Rögna".
118 Högni segir að mágr hans má
mikið um þetta ráða,
sèu þið kvittir⁴) og sáttir⁵) þá
signi guð ykkr báða."
119 „Illa er talað", kvað Ása-þór,
„afreksmaðrinn fríði,
fyrir það tapast vináttan vór,
vendu þig af því, Skíði."
120 Óðinn spurði únga frú,
orð þarf sízt að teiga,⁶)
„er þèr viljugt, vellabrú,
vaskan dreng að eiga?"

121 „Hèðni hefi eg heitið því,
hans eg skyldi bíða,
en ef hann faðir minn fæst þar í
forsmái⁷) eg ekki hann Skíða.
122 Hilditönn skal hafa fyrir vótt
og Hálfdan kóng hinn snjalla,
vèr skulum byrja⁸) brúðkaup
vort⁹)
við bragna þessa alla."
123 Skíði rètti skitna hönd,
skyldi hann fastna Hildi,
Óðinn gaf honum Asia lönd
og allt það hann kjósa vildi.
124 Kappinn þar með kóngs nafn
blaut
kænn og örr í stríði,
stúngu sumir að stála gaut:
„stráklegr lízt mèr Skíði."
125 Skíði gjörði skyndikross
skjótt með sinni loppu,
sú hefir fregnin flogið að oss,
fèkk hann högg á snoppu.
126 Heimdall gaf honum höggið það
horns með stúti sínum:
„hví búi þèr", hann Högni kvað,
„svo hart að mági mínum?"
127 „Hann hefir fært þau fyrn að oss,
fleinalundrinn stælti,

---

1) vgl. *Jegg í lófa karls, karls*, bei Jón Árnason, *Íslenzkar þjóðsögur og æfintýri*, I, S. 28. 2) vgl. oben die Anmerkung zu Str. 19. 3) Man beachte den falschen Reim. 4) Ein jedenfalls fremdländisches Wort. 5) sættist. 6) = teigja; des Reimes wegen verändert. 7) Ein entschieden ausländisches Wort. 8) drekka. 9) brátt, al.

gjörði hann fyrir sèr gamlan
                              kross
og gjörvöll orðin mællti."
125 Skíði gjörði að skilmast þá
skjótt á litlum tíma,
Heimdall sló svo höfuðið á,
hann lá þegar í svíma.
129 Hilditönn réð hlaupa upp þá
og hristi á sèr bjálfann,
„hverr veit nema hrottinn sá
höggvi kónginn sjálfan."
130 Hjó til Skíða höggin þrjú,
hèr var ys á fólki,
skrökva eg ekki að skræfan[1]) sú
lèt skella í stæltum hólki.
131 Hljóp upp Geirmund heljarskinn
og hefr upp öxi breiða:
„lemdú hann ekki landa minn,
lítinn tel eg það greiða."
132 Remmigygi[2]) rekr hann þá
rètt að Haraldi miðjum,
grimmlega lætr garprinn sá,
sem geysist leon í viðjum.
133 Mikið var um þá Haraldr hnè,
heyra mátti ýnki,
rètt sem stykki af stofni trè
stóra heyrði dýnki.
134 Ubbi hinn fríski[3]) arngeir rak
ótt að Heljarskinni,
öfugr fèll hann aptr á bak,
ei varð dynkrinn minni.

135 Hálfr[4]) kóngr hljóp upp þá
og hreifði brandi sínum:
„þann skal líftjón leggja á,
sem lemr á frænda mínum."
136 Ubbi fèkk af Álfi slag
utan á kinnar vanga,
það má kalla keppa sag
er krattans[5]) synirnir danga[6]).
137 Óvit beið þá Ubbi á sèr[7])
Ívar réð svo mæla:
„maðr mun fást á móti þèr,
minst er oss um þræla."
138 Starkaðr gamli stökk á fætr
og sterklega tók að emja:
„ei hirði eg hvað Ívar lætr,
ei skal hann Skíða lemja."
139 Ívar fèkk í augað slag
af Starkaði gamla,
ógurlegt var eggju sag,
enginn mátti hamla.
140 Hálfi[8]) kóngi var haldið þá
svo hann mátti ekki stríða,
alla lèt hann sitthvað fá,
sem ýfa vildu Skíða.
141 Hrókr hinn svarti og Útsteinn
                              jarl
að Ubba sóttu báðir;
skýzt í leikinn Skeljakarl[9])
skötnum gefr ei náðir.
142 Ubbi feldi átján menn
afbragðskempur stórar,

---

1) skrædan.   2) Remigia.   3) frækni.   4) Hálfdan; ist falsch, wie die Verwandtschaft mit Geirmund zeigt.   5) kratti für hratti?   6, ganga.   7) Obarèr skal Ubbi bèr, al.   8) Hálfdan; falsch, siehe oben.   9) = Mágus.

Skíða sló á skoltinn enn
svo skruppu úr tennr fjórar.
143 Áli[1]) hinn frækni á það spjót
sem ýta kann að dubba,
rennr fram að randa brjót
og rekr í gegnum Ubba.
144 Ubbi féll þá út um dyr
með átján hundruð sára,
lét hann ekki lífið fyr
en lúngun féllu um nára.[2])
145 Sverði brá þú seima viðr[3])
sá var nefndr Agnar,
hann klauf Álf[4]) í herðar niðr,
hann sezt niðr og þagnar.
146 Eddgeir risi til Agnars hjó,
ofan kom mitt í skalla,
seggrinn engu svaraði og hló,
síðan gjörði að falla.
147 Arngríms synir í örva seim
ætla þegar að stríða,
en Völsúngar vörðu þeim
og veita þóttust Skíða.
148 Víkar kóngr varðist þá
vakrt á hallar gólfi,
Sörli hinn sterki sverði brá
og sótti að Gaungu-Hrólfi.
149 Mittumstangi manaði Hrólf,
mættust þeir og Bjarki,
að honum sóttu ýtar tólf,
ei var lítill harki.
150 Varð það loks að Víðólfr féll,
veittist sigrinn Hrólfi;

hundrað rasta heyrði smell
þá halrinn datt að gólfi.
151 Að Skíða sótti mengið mest,
margr varð að falla,
heyrði þangað háfan brest,
í hólkinum lét hann gjalla.
152 Fyrðum þótti ferlig undr
fara um heiminn þaðra,
hvor klauf annan hölda í sundr,
hverir drepa þar aðra.
153 Ógurleg var odda skúr,
undr mátti kalla,
enginn gjörðist öðrum trúr,
ymsir réðu falla.
154 Hjó til Gunnars Sigurðr hríngr,
sá var arfi Gjúka,
augna brúnin á honum spríngr,
ei mun góðu lúka.
155 Svo hjó hann til Sigurðar hríngs,
að sverð stóð fast í tönnum;
hér hefir næsta komið til kíngs
með körskum frægðar mönnum.
156 Sveitin gjörðist sár og móð,
sumir af mæði sprúngu,
upptók þar í ökla blóð,
öxir og kesjur súngu.
157 Eddgeir risi og Aventróð
æða fram að Skíða,
Blótharaldr berst af móð
búinn við þráinn að stríða.
158 Þórir járnskjöld þreif upp stein,
það má undr kalla,

---

1) Álfr. 2) Hier schieben Einige Str. 150--151 ein. 3) lundr. 4) lies Ála.

keyrði á Haralds kinnabein,
svo kappinn varð að falla.
159 þráinn er sterkr, það er ei undr,
því hann er tröll að mætti,
risana báða reif í sundr
og rak þá út um gætti.
160 Berserkr einn er Brúsi[1]) hèt
barði þrúinn til heljar,
en í því hann lífið lèt
ljótlega tók að belja.
161 Ormrinn Fofnir eitri spjó
og æðir fram að Skíða,
hrökk hann utar að hurðu þó[2])
hvergi var friðt að bíða.
162 Skíði rak sinn hastan flein
í Fofnis trjónu ljóta,
tröllsleg var sú tönnin ein
er tók úr honum að brjóta.
163 Starkaðr gamli stóð þá upp
og stillti næsta Brúna[3]),
ormrinn rak upp bölvað búpp,
þá ball honum höggið uúua.
164 Skíði lèt í skreppu sín
skákmanns efnið detta,
löng var sú hin ljóta pín
lifir hann enn við þetta.
165 Fofnir í sitt forna híð
fór nú heim að sinni,
Starkaðr gjörði stála hríð
um stund er lögð í minni.

166 Asa-þór að ýtum gengr
og innir til við Skíða:
„þú munt ei ætla að lemja oss
    lengr,
fyrir löngu er mál að ríða."
167 „Ei er von", kvað Asa-þór,
„að Óðinn muni þèr lúta,
heldr munt fyrir höggin stór
þinn hrottinn verða að stúta".
168 „Ef þú vilt að eg þig slá
ofan í pönnu þína,
legstu niðr og lút mèr þá,
lítt skulu höggin dvína."[4])
169 Mjölni spenti hann máttki þór
af megni sló til Skíða,
hèr kom á móti hólkrinn stór,
heyrði bresti víða.
170 Starkaðr hjó til þóris þá,
það kom framan í enni,
allan kviðinn ofan í frá
ætla eg sverðið renni.
171 Berserkr einn er Brúsi hèt
bregðr kylfu sinni,
Starkað gamla stúta lèt,
styr varð ekki að minni.
172 Ragnar kóngr og rekkar hans
rèðu að Gautrek milda,
Ketill og Hrólfr í kappadans
komu með drengi gilda.

---

1) Brúsi, efr v. 163.   2) þá.   3) Wohl zu lesen brúna, von brúni = Brand; Fofnir
speit doch wohl Feuer neben dem Gift, und Starkaðr, der überhaupt zu Skíði steht, hilft ihm durch
Löschen des Brandes.   4) Diese Strophe steht nur in einzelnen Hss.

173 Heyrði til þar hetjan fór,
höggr hann jötuninn Brúsa,
féll hann dauðr á fætr þór,
flestir urðu að dúsa.
174 þá varð Alfr¹) í þessu laus
og þríſr upp kappann Víkar,
færði ofan í Fjölnis haus,
svo fjandlega Óðni líkar.
175 það sá hún Freyja Fjölnis víf,
að fast tók Óðni að svíða,
stökk hún upp með stæltan kníf
og stakk í nefið á Skíða²).
176 Högni þreif upp Hálfdan jarl,
hann var frægstr gotna,
rak hann niðr svo ramlegt fall,
að rifin gjörvöll brotna.
177 Allir réðu Æsir þá
einni röddu að kalla:
„hrekið hann Skíða hver sem má,
hann mun drepa oss alla."
178 Flestir urðu fúsir þess,
fékk hann högg við vanga,
þá var mikið þusnar vers,
þrjátigi að honum ganga.
179 Hann barði í hel þá Baldr og
Njörð,
bæði Loka og Hænir,³)
fimmtán lét hann falla á jörð,
en fleygði tólf í mænir.⁴)
180 Til orða tók þá Sigurðr sveinn,
sá kann brynju rista:

„mèr líz nú sè margr einn
um manninn þann inn kristna.
181 Groylega tókst þèr gangan, þór,
þú gintir híngað Skíða,
syndr er honum siðrinn⁵) vór,
ká mun spyrjast víða."
182 Hnykkti hann Skíða um hallardyr,
en hljóp þar sjálfr í milli,
lúinn og móðr lá hann þar kyr,
lítið varð af snilli.
183 Sigurðr tók þá sverðið Gram
og sveiflar til með afli.
allir þeir, sem oddrinn nam,
innar hrukku að gafli.
184 Heyrði hann inn í Háfa höll
hark og styrjöld bæði,
borgin var sem bifaðist öll
beint og lèki á þræði.
185 Skjótlega kallar Skíði inn,
þar skatnar lágu hneptir,
„sæll og ljúfr, Sigurðr minn,
svínið lást mèr eptir.
186 Nefna mundi eg nafnið þitt,
nistill⁶) silkitreyju,
ef þú, Sigurðr, svíníð mitt
sæktir inn til Freyju."
187 Gnóðar-Ásmundr gjörði þá
gilda aðsókn og stríða.
svínið tekr hann seggjum frá,
og sendir út til Skíða.

---

1) für Hálfr; vgl. Str 140.   2) Hier schieben Einige die Strophen 145, 146. 171, 147—
149 ein.   3) sic accus.   4) sic accus.   5) sigrinn.   6) nistils, al.

188 það kom framan[1]) í fræða sal,
frá eg að aulinn vakni;
nú er hann heima í Hítardal,
Hildar trúi eg hann sakni.

189 Yzt við gátt að aulinn lá,
ekki er trútt að hnjósi,
þeir stöktu vatni strákinn á,
og styrmðu[2]) yfir með ljósi.

190 Þorleifr[3])talar við þegninn brátt:
„þú hinn vondi slángi,
særst hefir þú í alla nátt
og einatt verið á gángi.

191 Fátækt hefir hér fólkið mart
fengið sárar nauðir,
ymsa hefir þú byst og bart,·
svo bragnar fimm eru dauðir."

192 Á stafnum sáu þeir stóran hólk,
stöð hann merkr átta,
hér hefir meiðslin fátækt fólk
fengið af stórum hrotta.

193 Troðnir í sundr tvennir skór,
tel eg það ei með listum,
örkumlaðr var aulinn stór,
upp vóru hinir á ristum.

194 Fjórar tennur framan úr haus
fallnar vóru úr Skíða,
en hin fimta orðin laus,
í hana kvað sér svíða.

195 Bráðlega segir hann brögnum
frá,
hvað bar fyrir hann í svefni;
margr setr í mikla skrá
minna yrkis efni.

196 Skatnar hugðu að Skíða brátt,
og skoðuðu hann uppi og niðri;
hans var víða boldið blátt,
en hárið líkast fiðri.

197 Hirzla hans af hagleik gjör
hún var tóm að kveldi,
þar var komið í því fornt smjör,
það var úr Asia veldi.

198 Höldar gáfu hundum smjör
úr hirzlu tetri Skíða,
þeir létu sitt hið leiða fjör,
og lágu dauðir víða.

199 Fundu þeir í trússi hans tönn
tuttugu marka þúnga,
nú má heyra sagan er sönn
seima þollsins júnga.[4])

200 þeir gáfu hana með fagran flúr
af fremstu meistara tólum,
bragnar gjörðu bagalinn úr
sem beztr er norðr á Hólum.

201 Lengi vetrar lá hann sjúkr,
lítið batnar Skíða,
Hagnaði hans hinn fúli búkr[5])
féllu á sárin víða.

202 Aldrei trúi eg mun aumum þrjót
mun illra meina batna,
fyr en lofar að leggja af blót
og laugar[6]) nætr að vatna.

203 Ei hefi eg heyrt hver æfilok
urðu Norðmanns Skíða;
Hèr skal Suðra sjáfarrok
sunnudagsins bíða.

---
1) fram. 2) stormaða. 3) Þorgils. 4) Die Form júngr belegt Sveinbjörn
Egilsson berrits aus der Ólafsrima, Str. 14, und Fritzner aus der Stjórn und der Flatryjarbók.
5) fölr varð h. h. fúni búkr. 6) laugar.

Namensverzeichniss.

A.

Agbarðr, 74; verwerfliche Variante für Hagbarðr.
Agnarr, 145; 146.
Áki, 74; verwerfliche Variante für Haki.
„ 80; verwerfliche Variante für Áli.
Álfr konúngr hinn sterki, 73; identisch mit K. Hálfr.
„ 136; 174; ebenso.
„ 143; 145; verwerfliche Variante für Áli.
Áli hinn frækni, 80; 143; 145.
Andri jarl, 81.
Arngrímssynir, 74, 147.
Ása-þórr; 46; 53; 71; 119; 160; 167; vgl. þórr.
Ásaheimr, 66.
Ásialönd, 123.
Ásiaveldi, 197.
Ásmundr, 78; vgl. Gnóðar-Ásmundr.
„ 81; verwerfliche Variante für Ísúngr.
Aðólfsgata, 29.
Aventrót, 76; 157.

B.

Baldr, 7; 12; 170.
Beiskjaldi, 35; vgl. þorleifr beiskjaldi.
Belgjadalr, 35; vgl. Hítardalr.
Bjarki, 49.
Blót-Haraldr, 75; 157; 158.
Brókkr, 103. Anmerkung.
Brúni, 160; verwerfliche Lesart für Brúsi.
„ 163; wie es scheint nicht als Name zu deuten.
Brúsi berserkr, 160; 171; 173.

D.

Danmörk, 65.

E.

Eddgeirr, 76; 146; 157.

F.

Farbauti, 107.
Fjölnir, 6; 91; 174; 176; vgl. Óðinn.
Fofnir, 82; 85; 161; 102; 165.
Freyja, 87; 104; 107; 111; 175; 186.
Frigg, 87.

G.

Gaungu-Hrólfr, 83; 148.
Gautrekr hinn mildi, 83; 172.
Geirmundr heljarskinn, 77; 131; vgl. Heljarskinn.
Gjúki, 154.
Gnóð, 78.
Gnóðar-Ásmundr, 187; vgl. Ásmundr.
Gramr, 183.
Grelandt, 14.
Gunnarr, 84; 154.

H.

Háfi, 90; 184; vgl. Óðinn.
Hagbarðr, 74.
Haki, 74.
Hálfdan konúngr hinn mildi, 72.
„ „ hinn snjalli, 122; wohl derselbe.
„ jarl; 176.
„ 135; 140; falsche Lesart für Hálfr.
Hálfr konúngr, 135; 136; 140; 174; vgl. Álfr hinn sterki.
Haraldr, 132; 133; vgl. Hilditönn.
Höðinn, 88; 113; 121.
Heimdallr, 126; 128.
Heljarskinn, 134; vgl. Geirmundr heljarskinn.
Hilditönn, 72; 122; 129.
Hildr hin mjófa, 87; 88; 112; 115; 116; 123; 182.
Hítardalr, 7; 20, Anmerkung; 168; vgl. Belgjadalr.
Hítarvatn, 84.
Hólar, 200.
Horn, 54.
Hrókr hinn svarti, 141.
Hrólfr Gautreksson, 83; 172.
„ konúngr kraki, 78; 149; 150.
Hvammr, 29.
Hænir, 172.
Högni (Gjúkason?), 84.
„ (Hálfdanarson?), 88; 113; 114; 115; 116; 117; 118; 126; 170.

J.

Ísaland, 95; 96.

Ingangssynir, 81.
Ivarr viðfaðmi, 79;
 „ 73; 137; 138; 139: wohl derselbe.

K.

Ketill, 172.

L.

Lávarðr, 106; wohl falsche Lesart für Laufeyjarver; siehe Farbauti.
Leifi, 37; siehe Þorleifr beiskjaldi.
Loki, 106; 172.

M.

Mittumstangi, 149; vgl. Viðólfr mittumstangi.
Mjölnir, 152.

N.

Njörðr, 172.
Norðmaðr, 58; 203.
Noregr, 54; 65; 101.

O

Oddgeirr, 76; falsche Lesart für Eddgeirr.
Oddi, 19; 97.
Óðinn, 46; 47; 48; 66; 71; 86; 92; 95; 108; 109; 120; 123; 167; 174; 175; vgl. Fjölnir, Háfi, Rögnir.

R.

Ragnarr konungr, Sigurðarson bringe, 80; 172.
Ragnarssynir, 81.
Reginn, 82, 102.
Remmigygr, 132.
Rögnir, 102; 117; vgl. Óðinn.

S.

Saurbær, 16.
Sigurðr bringr, 80; 154; 155.
 „ sveinn, 85; 180; 183; 185; 186.
Skeljakarl, 141.
Skíði, 6; 10; 15; 17; 19; 22; 26; 30; 45; 47; 52; 53; 58; 60; 62; 63; 67; 69; 70; 90; 91; 102; 108; 114; 117; 119; 121; 123; 124; 125; 128; 130; 138; 140; 142; 147; 151; 157; 161; 162; 164; 166; 169; 175; 177; 181; 182; 185; 187; 194; 196; 198; 201; 208.
Skörð, 29.
Staðarhóll, 17.
Staglev, 21.
Starkaðr gamli, 74; 138; 139; 163; 165; 170; 171.
Sturli, 80; 81; 88; derselbe heisst Stulli, 99.
Suðri, 209.
Svínbjúgr, 34.
Sörli hinn sterki, 77; 148.

U.

Ubbi hinn fríski, 84; 134; 136; 137; 141; 142; 143; 144.
Útsteinn jarl, 141.

V.

Valhöll, 69.
Viðólfr mittumstangi, 76; 150; vgl. Mittumstangi.
Víkarr konungr, 77; 146; 174.
Völsungr, 70.
Völsungar, 147.

Þ.

Þorgils Oddason, 17; 19; 20; 22; 32; 97; 120 (hier verkehrte Lesart für Þorleifr).
Þórir járnskjöldr, 84; 168; 170.
Þorleifr beiskjaldi, 35; 190; vgl. Beiskjaldi, und Leifi.
Þórr, 47; 52; 57; 70; 169; 173; 181; vgl. Ása-Þórr.
Þráinn í haugi, 75; 157; 159; 160.
Þrándheimr, 54.

Æ.

Æsir, 61; 71; 177.

Ö.

Ölmóðr, 56; 57; 62; 64.